Urban
Science

城市文化传播研究丛书

Research on
Cultural Policies of
Chinese Regions and National
Historical Cultural Cities

(1982–2012)

# 我国区域与国家级历史文化名城文化政策研究

(1982—2012)

王晓静　著

上海交通大学出版社
SHANGHAI JIAO TONG UNIVERSITY PRESS

**内容提要**

本书梳理了 1982—2012 年,我国的区域与城市文化政策,探讨了其中的缺陷及其背后原因;在逻辑分析的基础上建构了首个以区域与城市文化为主体内容的政策体系模型,填补了我国城市科学研究中对于城市文化政策理论研究的空白;通过比较与实证研究,具体分析了长三角与中原城市群、上海与广州的文化政策,将文化政策与城市发展相联系,探讨区域与城市文化政策与城市发展之间的密切关系,为各级政府揭示了影响城市文化政策绩效的重要因素与改进方向。

**图书在版编目(CIP)数据**

我国区域与国家级历史文化名城文化政策研究:
(1982—2012)/ 王晓静著. —上海:上海交通大学出版社,
2019
(城市文化传播研究丛书)
ISBN 978 - 7 - 313 - 22002 - 8

Ⅰ.①我… Ⅱ.①王… Ⅲ.①城市文化-文化事业-
方针政策-研究-中国- 1982 - 2012 Ⅳ.①G120

中国版本图书馆 CIP 数据核字(2019)第 213206 号

**我国区域与国家级历史文化名城文化政策研究(1982—2012)**
WOGUO QUYU YU GUOJIAJI LISHI WENHUA MINGCHENG
WENHUA ZHENGCE YANJIU (1982—2012)

| | | | |
|---|---|---|---|
| 著　者:王晓静 | | | |
| 出版发行:上海交通大学出版社 | 地　址:上海市番禺路 951 号 | | |
| 邮政编码:200030 | 电　话:021 - 64071208 | | |
| 印　制:苏州市越洋印刷有限公司 | 经　销:全国新华书店 | | |
| 开　本:710 mm×1000 mm　1/16 | 印　张:11.5 | | |
| 字　数:174 千字 | | | |
| 版　次:2019 年 12 月第 1 版 | 印　次:2019 年 12 月第 1 次印刷 | | |
| 书　号:ISBN 978 - 7 - 313 - 22002 - 8 | | | |
| 定　价:58.00 元 | | | |

# 前 言
Preface

　　"文化政策"作为政府指导和推进文化发展的长远谋划,不仅是推动复兴城市文化的首要条件,也是结束各种"文化搭台,经济唱戏"局面的有效装备。当今世界,以"城市群""经济区""三角洲"或"经济带"等为主要表现形式的"区域"已是世界城市化发展的主流趋势。"从全球范围看,自 20 世纪 60 年代以来,发达的西方城市纷纷开始扬弃'以邻为壑''单打独斗'的'单体式'城市理念和发展模式,取而代之的是以现代交通和通信技术为基础和手段,以合理的层级分工体系和多样性的交通体系为中心,在打破区域内城市在空间、经济、社会、文化上缺乏联系和相互对立的基础上形成的城市群。……城市群对我国城市化的特殊意义在于,通过建立良好的城市分工和层级体系,可以有效解决以'产业同质竞争、项目重复建设、空间批量生产'为特征的'粗放型城市发展模式'存在的弊端。"[①] 而肇

---

① 刘士林. 文化城市群与中原经济区的跨越式发展 [J]. 河南社会科学,2013 (12).

始于 19 世纪 80 年代的历史文化名城名单，则是中国在文化强国战略中最早受到政策支持，同时也被寄予最大厚望的一类城市。因此，对于此类区域与城市的文化政策进行全面而系统的理论梳理不仅具有学术价值，同时也具有响应"把城市群作为推进城镇化的主体形态""文化软实力建设""文化强国建设"等国家战略的重要价值。

导论部分对区域与城市文化政策研究的提出的现实背景予以介绍，指出以城市及城市群为主体的城市化进程已经成为当下中国最重要的国家战略，其中将文化资本作为城市转型发展的重要资源越来越受到政策层面的重视。经过初步研究，我们发现目前我国区域与城市文化政策的研究是不足的，问题颇多：

首先，在基础理论研究层面，尚未出现针对区域与城市文化政策的研究，缺乏基础理论建构，未能对区域与城市文化政策形成统一的概念；在政策的目标、制定原则、价值取向、政策绩效等方面也没有系统的梳理。

其次，定性研究多，而案例研究、定量研究缺乏，且务虚性研究较多，实用性、操作性不强。究其原因，一方面在于区域与城市文化政策的强意识形态特点决定了定量研究难度大；另一方面与现有研究学者的知识结构背景有关，城市科学尚未真正成为一门学科，作为其中的一个分支，区域与城市文化政策涉及传播学、管理学、经济学、政治学和文化学等多种学科的交叉。

再次，以往研究主题偏重以省域为单位、具体文化领域的政策现状及对策，忽视了对以文化或经济因素集成的城市群的总体文化政策发展走向的研究。将理论研究与个案研究相结合的成果也很少，即使有部分实例分析，也偏重于文本分析，缺少实证研究。

上篇，主要采用历史与理论研究的思路对国家级区域规划中的文化政策及 123 个中国历史文化名城关于文化建设的政策进行整理与总结，找出其主要特点及历史演变规律。总的来看，近几年的区域政策内容对于文化的关注度逐年提升，大致体现出从粗到细、从少到多的特点。"文化"与"产业"的关系也越来越密切。公共文化服务体系建设，加强非物质文化遗产保护与传承也是普遍关注的问题。注重文化资源的可持续利用与坚持文化创新成为推动区域经济发展的一大要素。而通过对历史文化名城文化政策的逻辑分类、级别分类和功能分类，指出其不同的分类标准，整个发展演变则显现出三个阶段：从重视生产到偏重发展文化经济再到注重文化的产业性发展。虽然在政策数量上涨势迅猛，在政策范围上也不断扩大丰富，但主线路依旧显示围绕着经济发展而展开的特点。

但是国家区域与城市文化政策中也存在诸多问题：文化政策缺乏体系；政策内容及定位雷同；政策制订主观性太强，多催生型少原发型定位；重硬轻软，公共文化服务水平不均；多宏观与长期规划，跟不上现实变化与缺乏刚性指标，政策效果不明；等等。对此，我们提出六大改进建议：完善文化立法；构建文化政策的内容体系；规范文化政策的出台程序；加强实证研究及数据库建设；建立文化政策的评估标准；调整文化政策的宣传重点。

通过对内容要素的功能特点分析得出，目前的区域与城市文化政策偏重于禁止性管理，大多是对义务和处罚等内容的设定，忽视对相关权利的保障，因此可接受度较差、上升为法律的可能性也较低，不利于政策效果的最大化实现。就此，提出建构区域与城市文化政策所需要的政策、观念、制度、现实背景及理论技术等方面的前提要求、在此基础上构建具有首创性的区域与城市文化政策体系模型。

下篇，采用经验主义与比较研究的方式对长三角、中原、上海与广州的文化政策展开分析，指出：当代长三角城市群在内涵上处于持续的变动与建构过程中，长三角文化政策的理论研究在此过程中充当着政府部门的智囊团，同时也对政策偏好与宣传方式产生一定的影响；中原城市群的文化资源、文化政策演变过程之间存在着一定的关联，即以往的文化政策大都倾向于对历史文化资源的挖掘与保护，缺少对文化产业商业化利用的指导，因此在中原城市群文化资源保护开发中存在着物质文化资源开发急功近利、社会文化资源开发唯利是图、审美文化资源开发庸俗雷同等问题，提出要从精神层面与操作层面进一步加强开发利用的建议；上海与广州的文化政策的区别在于，广州的城市文化政策更强调文化遗产保护、促进发展旅游业及规范监管文化产业，而上海的城市文化政策更强调对文化市场的监管、强调公共文化设施建设、金融对创意产业的支持。这样的差别，导致了上海的文化创业环境比起广州来说，更有政策机制的保障性，而广州的传统文化保护效果比上海更有成效。随机调查问卷的结果，也显示上海与广州的文化政策宣传力度都较弱，对历史文化名城的文化品牌利用率低，文化产业支持政策的知晓率不高，文化政策对文化产业的推动力有待提高；上海与广州具有不同的文化强项，上海较之广州在现代文化发展方面的能力更强，但历史文化保护传承尚显不足，尤其在保护历史文化遗产方面未得到普遍肯定。文化政策对促进文化发展具有重要意义，加强市民精神文明建设应成为推进上海与广州文化建设的重要内容。

# 目 录
Contents

## 导论　时代变革下的区域与
城市文化政策

## 上篇　历史研究与理论建构

# 导　论

时代变革下的区域与
城市文化政策

# 第一章

# 研究价值与相关概念的探讨

1998 年，联合国教科文组织在斯德哥尔摩召开了"文化政策促进发展"政府间会议，提出了《文化政策促进发展行动计划》，指出："发展可以最终以文化概念来定义，文化的繁荣是发展的最高目标。""文化的创造性是人类进步的源泉。文化多样性是人类最宝贵的财富，对发展是至关重要的。"因此，"文化政策是发展政策的基本组成部分"，"未来世纪的文化政策必须面向和更加适应新的飞速发展的需要"。① 正是基于这一现实需要，对于区域与城市的文化政策研究才会对区域与城市发展产生巨大影响。

## 第一节　区域与城市文化政策研究的背景与意义

### 一、问题的提出

文化，对于一个国家而言，不仅仅是综合实力的标志，更是一个民族身份和精神的载体。2001 年党的十六大报告中明确指出："当今世界，文化与经济和政治相互交融，在综合国力竞争中的地位和作用越来越突出，文化的力量，深深熔铸在民族的生命力、创造力和凝聚力之中。全党同志

---

① 陈卫平．文化政策：市场化的进与退［N］．解放日报，2004 - 7 - 14.

要深刻认识文化建设的战略意义，推动社会主义文化的发展繁荣。"① 2011年 10 月 18 日，党的十七届六中全会审议通过的《中共中央关于深化文化体制改革、推动社会主义文化大发展大繁荣若干重大问题的决定》，更是将"文化强国"定位为国家战略，自此，"文化发展"成为与"经济发展"具有同等重要地位与意义的发展目标。事实上，近年来，各地政府在中央政策的指引下，纷纷提出建设"文化强省""文化大都市"的口号，制定各类文化政策，从不同角度肯定了文化对于和谐社会建设的积极意义。

　　与此同时，我国的城镇人口至 2011 年末已达 6.9 亿人，实现城镇化率超过 50% 的历史性突破，达到了 51.27% 的水平。另外，全国共有 30 个城市常住人口超过 800 万人，其中 13 个城市人口超过 1 000 万人。② 这一切说明了一个问题，即中国人民摆脱传统农耕社会的生产生活方式已然成为事实，并正进入城市化加速进程的特殊历史阶段；并且有目共睹的是，中国的城市化进程在经历了 30 年的曲折前进之后，正努力由简单粗放的工业化向复杂精致的文化化进军。城市的发展也越来越与文化息息相关，因为，与文化的凝聚力相类似的，近代城市研究的共识认为城市的本质特征在于它的吸引力或者说"磁场"功能，因此，在最新的国家战略《国家新型城镇化规划（2014—2020 年）》中强调"发掘城市文化资源，强化文化传承创新，把城市建设成为历史底蕴厚重、时代特色鲜明的人文魅力空间"是具有鲜明时代特色的城市发展目标。

　　另一方面，继我国《中华人民共和国国民经济和社会发展第十一个五年规划纲要》指出"城市群的发展将作为中国推进城市化的主体形态"之后，《中华人民共和国国民经济和社会发展第十二个五年规划纲要》进一步明确指出，未来 5 年要"形成以大城市为依托，中小城市为重点，逐步形成辐射作用大的城市群"。在此大政方针之下，各级地方政府也将城市群作为参与竞争的战略主体，出台了一系列以城市群（区域）为主体的规划。可见，城市群作为中国城市化主体形态，将通过集聚和扩散作用，进一步对区域协调发展产生重要影响。因此，以城市群为代表的区域文化政

---

① 江泽民. 全面建设小康社会，开创中国特色社会主义事业新局面 [M]. 北京：人民出版社，2002.

② 2011 中国城市发展报告发布：城镇化率达 51.27% [J]. 瞭望东方周刊，2012（5）.

策研究不仅具有理论意义，更有重要的现实意义。

据不完全统计，截至 2018 年末，我国县级以上城市逾 672 座，对其一一统计需要大量人力物力，因此，本研究中的城市特指入选国家历史文化名城名录的城市。我国是一个历史悠久的文明古国，截至 2013 年 7 月，我国共有 123 座国家级历史文化名城（以下简称名城），它们大多是我国古代政治、经济、文化中心，保存了大量的历史文物与革命文物，体现了中华民族的悠久历史、光荣的革命传统与光辉灿烂的文化。名城以其丰厚的文化资源，在历史文化传承与城市文化发展方面较之普通的城市更具优势，其特殊身份带来的政策优惠也更具普遍性。在新一轮的文化体制改革浪潮中，名城的文化发展必将成为中国城市文化发展的模板。因此，对名城文化政策的研究将具有重要的理论价值，其研究结果将对其他城市的文化政策与文化发展起到推动与示范作用。

## 二、理论意义与现实意义

### 1. 理论意义

研究我国的区域与城市文化政策需要搞清一些基本的理论问题，涉及区域与城市文化发展的一般规律和文化政策的体系建构，特别是在信息时代，还牵涉政策传播渠道与传播效果的实证研究。将都市文化学理论与城市公共政策理论相结合，构建区域与城市文化政策分析的理论框架，发现影响当代中国区域与城市文化发展中政策支持的深层问题，将理论研究成果作为规范我国都市化进程中区域与城市文化政策制定的理论依据和指导思想，为促进都市文化理论发展提供一种新型的研究方法；在丰富都市文化学内涵的同时，试图建构适应当代中国社会新形势需要的区域与城市文化政策学科，这是我们的理论目标。

将政府发布的各类文化政策作为研究主体，并采用传播学的实证研究方法开展城市文化政策研究，目前尚空白。虽然笔者由于人力、物力等方面的限制，只能采取小样本调查，但通过这样的调查，做出的探索性研究，可能会有更直观、更准确的发现，其研究结果应该会得到学界重视。

2. 现实意义

改革开放带来的高速经济发展，加速了我国的城市化进程，大规模的城市开发建设活动，不可避免地带来了城市历史文化的严重破坏与城市特色的不断消亡。虽然，各地都以保护城市文化为目标开展了名目繁多的文化活动，下发了数量惊人的政府文件，特别是这些获得了国家有关部委重要规划批示的城市群及已经入选国家历史文化名城名录的城市，更是大打文化牌，但无论是学界还是政府的相关文化管理部门，都未对这些政策做过系统分析与研究，对政府行政手段的推动力量所起的实际效果，也缺乏实证研究，结果就是投入了大量财力与人力的政策规划文件，对城市经济、城市文化、城市软实力的促进作用没有得到可信的论证。因此，我们将通过探讨上升为国家战略的区域规划中的文化内容及名城政府部门针对城市文化传承与文化建设而制定的有关政策的目标指向、原则、策略和实施结果，来了解各类文化政策对区域与城市的经济发展、文化软实力、城市竞争力提升有何实证效果，并对各级政府的政策制定及传播能力做出评价，为提高城市综合竞争力、推进我国城市文化发展以及文化政策的出台提供可供参考的智力支持。

# 第二节　区域与城市文化政策研究概述

## 一、国内外研究现状

20 世纪 50 年代初，美国著名的政治学家哈罗德·拉斯维尔与丹尼尔·泰勒在《政策科学》一书中拉开了公共政策研究的序幕。作为公共政策研究的一个分支，文化政策研究本身也是一个跨学科的研究领域。一般意义上来说，它是通过运用政治学和行政学的原理及模型，对国家、地方和团体层面的文化政策制定、执行与评估进行相关性研究，以期改进政策系统，提高文化政策质量。但文化政策还有另一个重要的研究范式，即文化研究范式，也称为批判性文化政策研究。两相比较，"前者是运用'工具性知识'（instrumental knowledge），以政策建构、政策实施和政策评估

为研究对象，偏重于实际操作层面的政策相关性的应用研究。后者则运用
'批判性知识'（critical knowledge），从人类文化艺术发展历史中理解历史上政
策制定及其对后来的发展和应用的影响，分析各类文化政策可能导致的治理
问题、文化与权力关系问题和身份以及意义相关内容在社会中的作用等。"①

具体来说，这里提到的两种不同的研究路径，一个是侧重于"工具
性"的政策研究；另一个则是侧重于"批判性"的文化研究。其中，侧重
于"工具性"的政策研究也被称为文化行政管理学路径的文化政策研究，
它偏重于讨论文化政策的制定与运作，"具体的研究内容包括：如何制定和
规划文化政策？如何宣传文化政策？如何实施文化政策？如何评估文化政
策的成效？"② 本研究选择的是"工具性"的政策研究。

### 1. 国内研究情况

国内关于区域与城市文化政策的系统研究，目前来看，尚处于起步阶
段。一般来说，可以分为对西方国家文化政策与城市发展之间的关系研究
和国内城市文化政策（主要指文化事业政策及文化产业政策）的研究。

对西方城市的文化政策研究，著作不多。宿琴著《多元维持与共识建
构》（中国政法大学出版社 2012 年版）以欧盟的文化政策为研究对象，对
欧盟文化政策进行全面介绍，并从认同建构的视角来评价欧盟这一超国家
政体的文化政策影响。论文方面有：黄鹤"对西方城市文化政策主导下的
城市更新的发展历程和模式进行归纳总结，并对其成效和问题进行评
述"、③ 臧华、陈香"从创意产业、文化氛围、城市营销三个方面讨论了文
化政策在建设创意城市中的作用，指出在实践中运用文化政策应注意的问
题"、④ 徐舒静"阐述并分析欧洲城市复兴过程中的文化导向政策，尝试描
述文化作为一种经济手段如何通过一系列文化政策的实施达到城市的复兴
与繁荣"⑤ 等论文。

①  任珺．政策导向的文化研究 [J]．南方论丛，2011 (3)．
②  方彦富．文化政策研究的兴起 [J]．福建论坛（人文社会科学版），2010 (6)．
③  黄鹤．文化政策主导下的城市更新——西方城市运用文化资源促进城市发展的相关经验
和启示 [J]．国外城市规划，2006 (1)．
④  臧华，陈香．文化政策主导下的创意城市建设 [J]．城市问题，2001 (12)．
⑤  徐舒静．欧洲城市更新背景下作为经济手段的文化政策评析，2013 (3)．

2002 年，党的十六大报告提出了文化事业和文化产业的"二分法"，要求"积极发展文化产业"，并提出"发展文化产业是市场经济条件下繁荣社会主义文化、满足人民群众精神文化需求的重要途径"。因此，一般认为，文化生产力涵盖文化事业和文化产业两个基本方面，而且目前国内的城市文化生产力的显像表现，主要集中在文化产业的爆发式增长上，造成了我国学界针对城市文化产业的政策研究较多，而对于城市文化政策的整体研究却十分缺乏。

其中，以区域文化政策为研究对象的著作几乎没有，论文也比较少。沈中印以鄱阳湖生态经济区为主体，"分析了鄱阳湖生态经济区文化创意产业政策现状，提出了政策建议"；[①] 鲁怡君以长三角地区艺术节的政策对区域发展的影响为主要论点，[②] 是比较接近于本研究的内容的，但是该文也只是选择"艺术节"这一特定的文化活动做个案分析，没有对区域文化政策作系统的梳理，因此，也只能是给本研究提供参考。

同时，根据笔者的研究，区域与城市的文化政策研究又可以分为区域与城市文化保护政策研究和区域与城市文化发展政策研究两大类。据此出发，笔者对国内的此类研究著述做了一番整理。

关于城市的文化保护政策研究以历史文化遗产的保护规划与开发策略较为突出（规划、策略都属于本书所讨论的政策范畴，但本书所指的文化政策并不局限于此）。自我国从 1982 年第一批历史文化名城的评比公布始，就有学者对名城的管理保护与旅游开发展开研究。前者在著作方面具代表性的有王景慧、阮仪三及王林合著的《中国历史文化名城保护理论与规划》（同济大学出版社 1998 年版），首次较全面地介绍了名城保护方面的理论，也对历史文化名城保护规划的发展有所叙述。论文方面多集中于历史文化名城保护策略研究，包括对法律制度、保护体系、保护规划的发展及演变的总结等。最早有罗哲文对我国公布的第一批 24 座历史文化名城进行了分类，并强调了对名城保护的重要性与必要性；[③] 李军《中国历史文化

① 沈中印. 鄱阳湖生态经济区文化创意产业发展政策刍议 [J]. 九江学院学报（自然科学版），2011（4）.
② 鲁怡君. 长江三角洲地区地方艺术节现象及政策研究 [D]. 中国音乐学院硕士论文，2012.
③ 罗哲文. 我国历史文化名城保护与建设的重大措施 [J]. 城市规划，1982（3）.

名城保护法律制度研究》从环境保护法角度出发，对历史文化名城保护制度进行了梳理，并就我国历史文化名城保护法律制度的完善提出了相应的措施；① 王玲玲通过对历史文化名城大量名城保护规划、相关法规、文件分析研究，总结了历史文化名城保护规划的发展演变及各阶段的典型创新，对现阶段名城保护规划的编制要求予以明确，对历史文化名城保护规划体系的发展趋势做出判断，并对下一步名城保护规划的编制提出建议。② 这些研究都试图从名城保护的相关法规、规划、策略等角度进行研究，其特点是研究范围小，深入性强，一般能较好地提出问题的解决方案，但由于缺乏大的视域，其研究结果的代表性与普适性不强。且以上这些研究基本局限于对名城有形文化遗产的保护政策研究，对无形文化的开发建设类政策则较少涉足。

而以城市群为主要内容的区域文化保护政策研究尚无，因此是我们这一研究首次涉及的领域。

2000 年 10 月，党的十五届五中全会明确提出要"完善文化产业政策"。这是"文化产业政策"概念首次出现在正式文件中。2010 年，《关于金融支持文化产业振兴和发展繁荣的指导意见》等一系列文化产业政策和支持文化产业发展的政策相继出台、渐成体系，促进了文化服务体系的构建，推动了文化产业的发展。③ 其间，有大量的研究者对我国的文化产业政策进行了系统分析：

文化产业政策的研究著作，主要有上海交通大学胡惠林《文化产业学——现代文化产业理论与政策》（上海文艺出版社 2006 年版）一书的第十章，针对性地介绍了文化产业政策，对文化产业政策的概念、内容进行阐述，最后分析了在经济全球化背景下中国文化产业发展政策选择；《我国文化产业发展战略理论文献研究综述》（上海人民出版社 2010 年版）对近十年来我国提出的一系列文化产业发展战略理论文献和我国近十年来提出的文化产业发展战略进行梳理；《我国文化产业政策文献研究综述

① 李军 . 中国历史文化名城保护法律制度研究 [D] . 重庆大学硕士论文，2005.
② 王玲玲 . 历史文化名城保护规划的发展与演变研究 [D] . 中国城市规划设计研究院硕士论文，2006.
③ 陈杰 . 回顾 2010：中国文化产业政策渐成体系 [N] . 北京商报，2010 - 12 - 20.

（1999—2009）》（上海人民出版社 2010 年版）分行业对 1999—2009 年中国文化产业核心行业的政策法规进行梳理，且在《文化蓝皮书：中国文化产业发展报告》系列、《中国文化产业年度发展报告》系列等丛书中，均有对文化产业政策研究的相关著述。而江蓝生等主编的《2001—2002 年中国文化产业发展报告》，林拓等主编的《世界文化产业发展前沿报告（2003—2004）》及张晓明等主编的《国际文化产业发展报告（第一卷·2007）》等著作都是对国外文化产业政策的相关研究。

　　论文方面，更是不胜枚举。白仲尧从金融环境、文化服务贸易、文化产业的财政税收、文化产业的研究与开发、宏观调控与行政管理几个角度分析了我国文化产业政策制定的发展方向；① 杨吉华对文化产业政策从理论到实践进行了剖析；② 蔡尚伟、何鹏程《回眸与展望：中国文化产业政策的创新演化》，以中共十六大为"分水岭"对我国的文化产业政策进行了总结，在此基础上分析了我国文化产业政策的不足，从而提出了建议；周斌试图创新文化产业的法律政策体系，从文化产业的不同特点出发，提出制定符合其需要的法律法规；③ 蔡尚伟、刘锐在对我国文化经济及文化产业政策的发展演变过程进行分析后，提出文化经济及文化产业政策宜采取渐进式的变迁路径。④ 还有几篇硕士学位论文，如：孙永国《中国共产党文化产业政策探究》，通过梳理中国共产党文化产业政策演进的历程和主要特征，指出党的文化产业政策的指导思想和主要内容，并阐述落实党的文化产业政策的有效途径；蔡小丰《全球化背景下的中国文化产业政策研究》，指出文化产业政策在文化产业发展的过程中起到了重要作用，但在实践上也存在不足和缺陷，认为要制定科学的文化产业政策，必须从文化产业政策立法、政策的制定体制和实施机制、文化体制改革、人力资源政策及全球化下的国家文化安全入手，制定合理科学的、有前瞻性的、可实施性强的文化产业政策；吴安安《我国现行文化产业政策析论》，指出制定积极的文化产业政策，构建符合中国文化国情和文化发展需要的文化管

① 白仲尧. 发展文化产业建设先进文化 [J]. 财贸经济，2001（10）.
② 杨吉华. 文化产业政策研究 [D]. 中央党校博士论文，2007.
③ 周斌. 文化产业政策法规研究 [D]. 南京师范大学博士论文，2008.
④ 蔡尚伟，刘锐. 论新中国文化经济及文化产业政策的演变 [J]. 思想战线，2010（1）.

理与文化产业政策系统，将成为今后我国文化产业发展的一项中心工作，并通过回顾我国文化产业政策发展历程，分析我国现行文化产业政策的弊端和缺失，并就完善我国文化产业政策体系提出建议；徐望《文化资本时代的中国文化产业政策研究》，指出从文化资本与经济资本互化的角度，重新审视文化的经济功能和经济的文化含量，透析现时代我国文化产业的政策权变方向正迫在眉睫等。以上这些研究，都是对我国文化产业政策的整体性考察。还有一类研究，选择一个阶段的时间节点展开研究，如：江凌将 21 世纪以来，党中央和政府颁布的文化产业政策，概括为十大类型，并指出这些政策类型内容丰富、系统性、创新性强，为我国文化产业的快速发展做出了巨大的贡献；[①] 张培奇对 1997—2007 年我国文化产业政策变迁的内容进行了分类整理，指出变迁的特征和内外部动因，运用公共政策评估理论对变迁的效果进行正反两方面的评估。[②] 但以上几类研究，都与我们的研究范围有稍大距离，其关注点在于政策本身，而忽视了政策服务的具体空间。

以具体的省份或城市作为文化政策研究的限定域的微观研究才是本研究需要密切关注的研究成果。例如，刘丽《河南省文化产业发展阶段性特征及政策研究》，在理论分析的基础上，系统阐述了改革开放以来不同阶段河南省文化产业政策和文化产业的发展关系，根据河南省文化产业发展存在的问题，提出了河南省文化产业发展的政策建议；陈杰《淮南市文化产业政策研究》，对淮南市文化产业政策进行专题研究，总结淮南市文化产业政策所取得的成绩，剖析存在的问题及原因，并选取合肥、芜湖等市文化产业政策研究作为比较对象，重点撰写淮南市文化产业政策制定的对策，设计出一套前瞻性、操作性、科学性强的实施对策；杨俊《铜陵市文化产业发展政策研究》，通过叙述铜陵市文化产业政策的发展历程和取得的成绩，分析其存在的问题和原因，根据铜陵实际提出了文化产业发展战略规划；朱立军《浙江省平湖市文化产业发展扶持政策研究》，通过研究

---

① 江凌. 近十年中国文化产业政策的基本类型分析 [J]. 江南大学学报（人文社会科学版），2012（1）.

② 张培奇. 十年来我国文化产业政策变迁研究（1997—2007）[D]. 上海交通大学硕士论文，2009.

近30年的政策实践，认为我国文化产业扶持政策对推动文化产业发展的作用明显，也指出我国文化产业扶持政策存在6个问题："缺、弱、变、散、乱、粗"，并进一步对平湖市文化产业政策发挥的作用、存在问题及解决对策进行了系统的论述；黄鹤、唐燕《文化产业政策对北京城市发展的影响分析》，通过相关数据的分析，梳理了文化产业政策对北京城市发展的影响，并在分析北京未来文化建设的主要影响因素的基础上，探讨了相应的政策应对途径。

综上所述，目前我国区域与城市文化政策的研究还是不足的，问题颇多。首先，在基础理论研究层面，尚未出现针对区域与城市文化政策的研究，缺乏基础理论建构，未能对区域与城市文化政策形成标准、统一的概念；在政策的目标、制定原则、价值取向、政策绩效等方面也没有系统的梳理。其次，定性研究多，而案例研究、定量研究缺乏，且务虚性研究较多，实用性、操作性不强。究其原因，一方面在于区域与城市文化政策的特点决定了定量研究难度大；另一方面与现有研究学者的知识结构背景有关，城市科学尚未真正成为一门学科，作为其中的一个分支，区域与城市文化政策涉及传播学、管理学、经济学，政治学和文化学等多种学科的交叉。再次，以往研究主题偏重以省域为单位、具体文化领域的政策现状及对策，忽视了对以文化或经济因素集成的城市群的总体文化政策发展走向的研究；将理论研究与个案研究相结合的成果也很少，即使有部分实例分析，也偏重于文本分析，缺少实证研究。

### 2. 国外研究情况

对于"文化政策研究"作为一个课题究竟该如何定义，国内学者还没有涉足，但国外学者已做了许多工作。"20世纪70年代，'文化政策研究'这个词在西方英语国家中被提出，它经由文化经济协会和阿克伦（Akron）大学的都市研究中心的成立而开展学术活动。之后有固定举办会议探讨经济、社会理论和艺术等主题，以及关于政策及计划评量等主要研究。"[①]

贾斯汀·刘易斯和托比·米勒合著的《批判文化政策研究读本》试图

---

① ［澳］托比·米勒，［美］乔治·尤迪思. 文化政策 ［M］. 台湾：巨流图书公司，2006.

为文化政策研究树立起研究领域、特征、目标、方法论等，并阐明文化政策研究的历史集中在经济、社会理论和艺术生产之间的关系上。托比·米勒和尤迪斯的《文化政策》则指明了政策的制定和实施的历史发展过程，对政策的制定进行阐释、评估和批判。英国学者贾斯廷·奥康纳的《欧洲的文化产业和文化政策》中有对文化产业政策的理解；而澳大利亚学者斯图亚特·坎宁安的《从文化产业到创意产业：理论、产业和政策的涵义》、美国学者罗伯特斯通·霍尔的《什么是文化政策——一个新兴领域的对话》、英国的吉姆·麦圭根的《重新思考文化政策》，都是从文化产业政策的角度展开研究。在文化政策的内容方面，"韩国的文化政策研究中心网站载有 31 个国家文化政策资料"，① "欧洲文化政策研究中心对其所有成员国的文化政策都有比较详细的阐述"。② 许多大学也设有专门的文化政策研究机构，如美国的芝加哥大学文化政策中心、加州大学文化政策研究中心和哈佛大学文化政策中心等。联合国教科文组织对全球的文化政策和文化贸易发展也有专门的研究。但是这些研究都只是从文化政策学的学科角度出发，而没有涉及文化政策与区域及城市的关系。

结合区域与城市出发的文化政策研究则基本集中在文化产业政策对区域发展的作用上。该类研究主要论述文化产业政策对地区经济发展以及提高城市综合实力方面的作用。例如，澳大利亚纽卡斯尔州的《建立可持续发展的文化产业——纽卡斯尔的文化政策》，论述了纽卡斯尔在 21 世纪的文化产业发展战略和文化产业政策；澳大利亚学者汤姆·奥里甘教授在《文化规划、文化产业和地方发展》一书中，以澳大利亚昆士兰为例，强调了文化旅游产业对农村发展的重要性，主张通过发展文化旅游消除城乡差异；英国学者查尔斯·兰德利的《作为一座创意城市的伦敦》，介绍了伦敦为实现增强城市竞争力、促进城市发展而制定的文化产业政策，分析了文化遗产保护与城市改造之间的关系、文化资本与创意城市的关系等。而针对中国的区域与城市的文化政策研究，国外尚无此成果。

---

① Cultural Policy Database [EB/OL]. http：//www. culturelink. org/culpol/.

② the Compendium of Cultural Policies and Trends in Europe [EB/OL]. http：//www. culturalpolicies. net/web/index. php [访问时间：2013 - 4 - 10].

## 二、本书研究思路与方法

### 1. 研究思路

上海交通大学城市科学研究院长期致力于培育和建设"城市科学"新型交叉学科，以马克思的城市社会与文化理论为指导，以城市社会学、都市人类学、城市地理学、城市规划学等社会科学的理论资源，与人文学科中的哲学、美学、文艺学、文化研究等提供的理论与方法出发，在都市文化这一具体的文化语境中探索了诸学科对话与交叉的可能，体现出卓有成效的理论价值与现实意义。本研究也是基于这一理论基础的一次对城市文化政策研究的理论建构尝试，即在城市文化的语境中探索城市发展进程中城市文化政策的若干问题。这样的研究比起纯粹的城市社会学或城市规划学研究，由于更加注重文化自身特点与城市文化发展的规律，因此多了一份人文的色彩，更加贴近城市文化的本质要求；而比起人文学科的纯定性研究，则因为运用了大量的数据与实例分析，研究的结果往往显得更具普适性与参考价值。

本研究将按照理论分析—文本分析—建立体系—个案研究的思路对区域与城市文化政策进行深入探讨。首先，在概括与梳理近年来上升为国家战略的城市群规划中的文化内容与我国历史文化名城有关部门颁布的部分文化政策的前提下，通过全面系统与深入细致的政策分析与文化研究，进行梳理、归纳、比较、分析，找出其规律及缺陷，并运用科学归纳法建立区域与城市文化政策体系；其次，从历史学角度出发，重点剖析不同时代背景下我国区域与城市建设中文化力量的演变，提出区域与城市文化政策的发展模式；最后，结合传播学相关理论，以定量分析结合比较分析的研究方法，对文化政策的制定、实际施行效果、传播推广作用等做出经验分析与调查分析，提出政策制定中及传播方法上的改进措施。

### 2. 研究方法

本书既坚持抽象的理性思考，又注重经验性的直觉判断，既强调量的研究，又进行质的探讨。由于涉及 16 个城市群与 123 个城市较长时期的政策发展变迁，还需要在社会经济与政治发展的进程中，努力坚持历史与逻辑的统一，在整个社会体制与制度变革的背景之下，在历史传统与世界文明的对话中，整体性地对全国主要区域与名城的文化政策进行梳理与分析，进而作出合理的阐释。本研究主要采用如下几种研究方法：

1）文献研究

由于牵涉到近 30 年的政策历史发展，必须对这些年来政策产生的背景进行梳理，要返回到当时的时代了解导致其产生的政治、经济与文化缘由，这需要大量的文献梳理作为基础。同时，为了使整个研究有所创新，还必须通过文献研究对本领域的相关研究成果进行比较和评价，较全面地反映同一领域的研究现状，特别是近年来的最新成果和发展趋势，在此基础上提出需要进一步解决的问题，这样才能更好地阐明研究的意义与价值，并为本研究组织材料、形成观点、提出对策建议奠定扎实的基础。

2）归纳法

在文献梳理的基础上，我们从庞杂的数据库中提炼出不同类别的政策文本的侧重点，将其关键词作为填充区域与城市文化政策体系的因素，实现从独立、特殊的文本内容到普遍、通行的体系框架，从经验认识到文化政策内在规律性的认识的提升。

3）比较研究

近 30 年的历史演变，势必要求以时间作为研究维度，才能将政策发展的脉络与阶段性特征呈现出来。对不同阶段的社会背景和不同历史时期、不同发展水平的文化政策进行比较，借此不同阶段的纵向比较研究，以把握不同历史时期研究对象的独特形态，更为重要的是感知不同阶段政策之间的异同，从而认识文化政策的演化与发展过程，揭示其发展的基本脉络与阶段性特征，在对比的过程中，发现与理解文化政策演进的规律与特点，以期获得对于文化政策本质及其规律的深入透析。

4）定量研究

为了避免从文本到文本、从理论到理论的纯粹学究式的研究方式和简单化的主观臆测式的解析，本研究将采取定量研究与定性研究相结合的研究方法，即选择个案进行实地调研、数据调查及抽样问卷调查，调查获得数据的整理与分析可以与文献和质性研究进行有效互补。

## 第三节　区域与城市　文化政策
## 文化城市与城市文化

### 一、区域与城市

#### 1. 区域、城市群

地理学上的"区域"概念："是用某个或某几个特定指标划分出来的一个连续而不分离的空间，这个空间是指地球表层的一定范围，它的界限是由这些指标来确定的。这些种指标可以是均质共性（例如，气候区、植被地带等）；也可以是辐射吸引力（例如，运输枢纽，流域、贸易区等）；也可以是一定的管理权（例如、行政区、教区等）；更可以是一定的土地类型结构分布范围（例如一定土地类型组合在该区内经常重复出现构成一定复域分布的自然区）；还可以是起着一定的职能作用（例如，城市规划中的功能分区）"①。因此，"一方面，用以指一个客观存在的地理单元，这个单元往往具有特定的位置和共同的特色，包括自然方面的与人文方面的；另一方面，区域又是一种主观建构。"早在 1909 年，芝加哥规划就已提倡区域视角，"城市的范围远远超出其行政边界"②。到了 1915 年，格迪斯使用集合城市（conurbation）的概念来倡导规划需要考虑到区域的资源，在这些区域分布着历史悠久但迅速扩张的城市③。从这个意义上讲，区域是城市扩张后的一种必然的研究视角。1933 年，美国社会学家麦肯齐（McKenzie）指出："大都市（或城市）区域……主要是一个功能实体。在地理空间上它延伸至城市发挥主导影响的区域。"④

对城市群的译法，《中华人民共和国国家标准—城市规划基本术语标准》（1998）采用"agglomeration"，而《中华人民共和国国民经济和社会

---

①　陈传康. 区域概念及其研究途径 [J]. 中原地理研究，1986 (1).

②　Simmonds R, Hack G. *Global City Regions: Their Emerging Forms* [M]. London: Spon Press, 2000.

③　Geddes P. *Cities in Evolution* [M]. London: Williams and Margate, 1915.

④　Mckenzie R D. *The Metropolitan Community* [M]. New York: McGraw-Hill, 1933.

发展第十一个五年规划纲要》（2006）则译为"urban agglomeration"。我国的"城市群"概念在国外没有对等的概念，而"urban agglomeration"在西方文献中意为"城市集聚体"。联合国对"城市集聚体"的定义为："由一个城市或城镇的中心城区与郊区边缘地带或毗邻的外部地区组成；一个大的城市群可能包括几个城市或城镇郊区及其边缘地区。"① 实际上，"城市群"是我国的特色名词，特定描述的是一定地域内城市集合、城市集群或者城市组群发展的城市化现象。除了"城市群"这样的提法，还有如"城市带""经济区""经济带""城市圈"等用法，它们之间的区别并不是本研究关注的内容，但是这些部分都属于我们在选择研究范围时要考虑的。虽然"城市群只是整个区域城镇体系中的核心组成部分"，② 但是在2014年3月16日颁布的《国家新型城镇化规划（2014—2020年）》提出了要建设七大城市群，优化提升东部地区城市群，培育发展中西部地区城市群，建立城市群发展协调机制，以城市群方式推进城镇化进程的战略要求，直接预示了"城市群战略"已成为我国城市化进程中最重要的，也是最亟须的研究热点。本研究中所指的"区域文化政策"主要是指获得了国家层面认可的"城市群""经济区""经济带"或"城市带"的国家批复文件中关于文化的内容。

### 2. 城市及历史文化名城相关概念

#### 1) 城市

在《中华法学大辞典·宪法卷》中是这样诠释"城市"的："农村"的对称；有一定规模的工业、商业、交通运输业和教育文化事业的以非农业人口为主的居民区；在中国，城市一般指已设置市、镇建制的直辖市、市、镇，有时也包括尚未设置镇建制的县城。但是从"城市"的本质而言，"城市不只是建筑物的群体，它更是各种密切相关的经济相互影响的各种功能的集合体……它不单是权力的集中，更是文化的归集"。③ 从社会学的角度来看中国的城市，马克思·韦伯认为："在亚洲，城市基本上没

---

① 顾朝林. 城市群研究进展与展望［J］. 地理研究，2011（5）.
② 胡序威. 对城市化研究中某些城市与区域概念的探讨［J］. 规划研究，2003（4）.
③ 纪晓岚. 论城市本质［M］. 北京：中国社会科学出版社，2002.

有自治的行政。最重要的，城市的团体性格以及'市民'（Burgher）的概念（相对于乡野人而言）从未存在于亚洲城市。中国的城市居民，法律上而言，只是他的氏族（因此也就是他的原籍村落）的成员，那儿有他崇拜祖先的祠堂，通过祠堂，他得尽心维护自身所属团体。亚洲的城市没有像西方那样有一套特殊的适用于'市民'的（由于他们是城市共同体的成员）实体法或诉讼法，也没有由'市民'做主任命的法庭。"① 因此，"虽然城市继续是交换中心，但现在更主要的是生产中心：它生产货物，生产思想，生产物质和文化的模式。城市居于创导地位"。② 而在芒福德看来，城市有三个重要功能，即容器、磁体与文化。"城市文化是芒福德最看重的城市功能。他把'文化贮存，文化传播和交流，文化创造和发展'称为'城市的三项最基本功能'，并认为，文化既是城市发生的原始机制，同时也是城市发展的最后目的。"③

　　2）历史文化名城

　　"历史文化名城"的概念是我国特有的，相当于国外的"文化遗产"，国外一般叫"Old City"或"Historical City"。这是 1982 年根据北京大学侯仁之、建设部郑孝燮和故宫博物院单士元三位先生提议而建立的一种文物保护机制。本研究具体指根据《中华人民共和国文物保护法》的相关规定，由国务院审批通过的国家级"保存文物特别丰富，具有重大历史价值或者纪念意义、且正在延续使用的城市"。主要是指由国务院于 1982 年、1986 年、1994 年三批以及从 2001 年起开始增补，至 2013 年 7 月为止，总数 123 个国家级历史文化名城（其中 2007 年增补的海口市与第三批中的海口市琼山区有时合并算为一个，也可以说总计 122 个）。

　　在已公布的名城中，依据不同的角度可以有不同的分类方式。"按照城市形成的历史划分，有近代殖民型城市、中国古代型城市、中国近代型城市、近代殖民与中国古代混合型城市等。按照地域环境特征划分，有山地城市、平原城市、海滨城市、河滨城市等。按照风貌保护完好程度划

---

① ［德］马克斯·韦伯. 经济与社会 ［M］. 上海：上海三联书店，2010.
② ［意］卡洛·M. 奇波拉. 欧洲经济史（第 1 卷：中世纪时期）［M］. 北京：商务印书馆，1988.
③ 刘士林. 文化城市的理论资源与现实问题 ［J］. 河北学刊，2008（2）.

分，有完整型城市、亚完整型城市与残缺型城市等。其中，亚完整型城市
所占的数量最多，像北京、上海、天津等；完整型城市有平遥、丽江；残
缺型城市主要有郑州、咸阳、大同等，其已经不存在较为完整的历史空间
环境。"①

阮仪三教授根据名城的成长发展和功能上的特点，将国家级历史文化
名城分为6种类型，即古都类，地区统治中心类；风景名胜类；民族及地
方传统特色类；近代革命史迹类；海外交通、边防、手工业等特殊类，并
对每一类型的主要特点作出了详细描述。②

3）历史文化街区、历史文化村镇

与历史文化名城关系最密切、经常被同时提及的还有历史文化街区和
历史文化村镇，根据《中华人民共和国文物保护法》第14条第2款规定：
保存文物特别丰富并且具有重大历史价值或者革命纪念意义的城镇、街
道、村庄，由省、自治区、直辖市人民政府核定公布为历史文化街区、村
镇，并报国务院备案。《历史文化名城保护规划规范》中采用了"历史文
化街区"的说法。

4）历史文化保护区

从20世纪80年代初期开始，相关文件和研究中还出现了历史文化保
护区的概念，如《历史文化名城保护规划编制要求》《黄山市屯溪老街历
史文化保护区保护管理暂行办法》等多采用历史文化保护区的称谓。

我国1986年12月在公布第二批国家历史文化名城时，正式提出"历
史文化保护区"的概念，并在国务院《批转建设部、文化部〈关于申请公
布第二批国家历史文化名城名单的报告〉的通知》中指出："对于文物古
迹比较集中，或能较完整地体现出某一历史时期传统风貌和民族地方特色
的街区、建筑群、小镇、村落等也应予以保护，可根据它们的历史、科
学、艺术价值，核定公布为地方各级历史文化保护区。"

李德华在《城市规划原理》中也说到"历史地段通常也称作历史街

① 刘敏. 青岛历史文化名城价值评价与文化生态保护更新 [D]. 重庆大学博士论文，2003.
② 阮仪三. 历史文化名城的特点、类型及其风貌的保护 [J]. 同济大学学报（人文社会科学版），1990（1）.

区"；① 陆翔在解释这一概念时，提到"历史文化区（又称为历史地段或历史街区）"；② 杨钊等在屯溪老街的研究中也提及"当前对于历史街区的研究重要集中在其保护和规划上，对历史文化街区的开发利用研究得较少"。③

5）历史地段

《华盛顿宪章》的定义是：城镇中具有历史意义的大小地区，包括城镇的古老中心区或其他保存着历史风貌的地区。它们不仅可以作为历史的见证，而且体现了城镇传统文化的价值。

美国在城市建设中，很注意"历史地段"意义的运用。在《美国历史地点注册法》中规定："历史地段的意义是指一个有地域性界限的范围——城市的或乡村的，大的或小的——由历史事件或规划建设中的美学价值联结起来的敷地、建筑物、构筑物或其他实体，其意义上有凝聚性、关联性或延续性。"

6）历史街区

历史文化街区在国际上一般称为历史街区。1987 年国际古迹遗址理事会通过的《保护历史城镇与城区宪章》或称《华盛顿宪章》，指出历史街区是："城镇中具有历史意义的大小地区，包括城市的古老中心区或其他保存着历史风貌的地区"；"它们不仅可以作为历史的见证，而且体现了城镇传统文化的价值。"

"历史街区则是在此基础上强调生活的真实性，风貌景观、历史文化价值和真实的社会生活都是它关注的对象，这就是把历史街区作为一个单独的概念提出以区别广义上的历史地段的意义所在。"④

7）历史城镇

《保护历史城镇与地区宪章》指出："历史城镇"是指具有特殊价值的传统城市文化景观的城镇。"不论大小，其中包括城市、城镇以及历史中

---

① 李德华. 城市规划原理［M］. 北京：中国建筑工业出版社，2001.
② 陆翔. 北京历史文化保护区保护方法初探［J］. 北京建筑工程学院学报，2001（1）.
③ 杨钊，陆林，王莉. 历史文化街区的旅游开发——安徽屯溪老街实例研究［J］. 安徽师范大学学报（人文社会科学版），2004（5）.
④ 邵甬. 城市遗产的概念及其保护［J］. 理想空间，2004（8）.

心或居住区，也包括自然的和人造的环境。除了它们的历史文献作用之外，这些地区体现着传统的城市文化的价值"。

综上，本研究中的"城市"范围仅指由国务院审批通过的国家级历史文化名城，而不包括各省份自行任命的省级历史文化名城，也不包括各级历史文化村镇。

初步分析，我们选择这一范围的原因：① 城市作为当代世界发展的核心动力源，相对于乡村、城镇而言，在文化传承与文化发展方面更具影响力与辐射力，城市文化的价值观越来越成为整个社会文化的主体；② 由行政级别高低决定了政策影响力的大小，城市中的文化政策的质与量一般会大于村、镇的文化政策的质量；③ 我国目前的现实情况是，市民的文化水平普遍高于村镇居民，文化需求也大于后者，因此对文化政策的关注度更高。

历史文化名城与普通城市相比：① 文化政策数量更多；② 政策内容更多关注文化遗产的保护；③ 文化资源更加丰富，对城市发展的影响更大。

## 二、文化政策相关概念

### 1. 文化

2004 年，联合国教科文组织在《保护艺术表达和文化内容多样性公约草案初稿》（*Preliminary draft of a convention on the protection of the diversity of cultural contents and artistic expressions*）中对文化的定义是："社会或某一社群在精神、物质、智力和情感特征方面的与众不同的倾向，除了艺术、文学、生活方式和生存方式之外，还包括信仰、传统和价值系统。"①

关于"文化"的定义，前人著述浩如烟海，在此不再赘述，仅作简单辨析。

广义的文化是指人类在社会历史实践过程中所创造的物质财富与精神

---

① ［美］克利福德-格尔茨．文化的解释［M］．南京：译林出版社，1999.

财富的总和；狭义的文化是指社会的意识形态或观念形态，文化本身是由某种知识、规范、行为习惯、价值观等人们精神或观念中的存在所构成。

本研究讨论的"文化"概念并不是针对最为广泛的文化定义——文化作为生活方式，也不仅仅局限在最狭义的定义上，更大程度上这是一个行政操作性的概念——"文化工作"。具体说，就是国家文化部门及其所属的管理领域和部门所处理的客观对象。不仅如此，鉴于我们的研究方向，甚至将教育、卫生和体育等方面也排除在本书讨论范围之外。

### 2. 文化政策

首先，政策是一个充满了不同认识的概念，有必要作详细的解释。拉斯维尔认为政策是"一种含目标、价值策略的大型计划"。[①] 其将政策定位于"大型计划"缺少严肃性与规范性，有失妥当。陈振明认为"政策是国家机关、政党及其他政治团体在特定时期为实现或服务于一定社会政治、经济、文化目标所采取的政策行为或规定的行为准则，它是一系列谋略、法令、措施、办法、方法、条例等的总称"，[②] 外延相对比较宽泛。袁振国认为"政策，从广义上讲，是政策法规的总和；从狭义上讲，是不包括法律条文在内的行政决定"[③]。其突出了可以对政策进行广义与狭义的不同理解。

其次，有学者将文化政策作为公共政策的一部分，作为政府政策目标的一部分。托马斯·R. 戴伊在《理解公共政策》中写道："公共政策与政府机构的关系十分紧密，严格来讲，一项政策只有由政府机构采纳、贯彻和实施后，才能成为公共政策。政府机构赋予公共政策三个鲜明特征。第一，政府赋予政策合法性。第二，政府政策具有全局性，只有政府政策才能影响到社会中的所有人；最后，政府垄断了社会中的强制力量，其他社会团体和组织可以使用的制裁手段则比较有限。"[④] 因此，公共政策强调政府的主导地位，而文化因强烈的意识形态性特点也必须始终由政府掌握主

---

① 陈振明. 政策科学——公共政策分析导论 [M]. 北京：中国人民大学出版社，2003.
② 陈振明. 政策科学——公共政策分析导论 [M]. 北京：中国人民大学出版社，2003.
③ 袁振国. 教育政策学 [M]. 南京：江苏教育出版社，2000.
④ [美]托马斯·戴伊. 理解公共政策 [M]. 北京：华夏出版社，2004.

导权。

第三，文化领域的一些学者对文化政策进行过一些界定。邱明正指出："文化政策是一定社会特定时期文化运行规则的体现，是文化生长、发展的自我规范、自我约束机制，是国家对文化生产、文化流通、文化消费有目的有组织地自觉指导和有效管理、监督的重要依据，直接制导着文化发展方向、方针的贯彻执行，规定着文化增长的动力。"并认为"文化政策是国家政策体系中的一个不可或缺的组成部分，是一个国家、民族特定时期制度文明的显现。"[①] 胡惠林将文化政策界定为："文化政策是国家在文化艺术、新闻出版、广播电视、文物博物等领域实行意识形态和行政管理所采取的一整套制度性规定、规范、原则和要求体系的总称，是有别于教育政策、科技政策的一种政策形态。"[②] 青岛大学钱国旗认为，文化政策是统治阶级实施文化管理和意识形态统治所采取的规章制度、原则要求、战略策略的总称，直接表现了统治阶级在特定历史时期的文化自觉、文化意志与政治利益。[③] 深圳学者毛少莹给文化政策的解释是："所谓文化政策，即社会公共权威在特定情境中，为达到一定的文化目标而制定的行动方案或行动准则。其作用是规范和指导有关机构、团体或个人的行动，其表达形式包括法律法规、行动规定或命令、国家领导人口头或书面的指示，政府大型规划、具体行动计划及相关策略等。"[④] 事实上，文化政策作为公共政策中的一个类别，长期以来并没有在我国享受到与教育政策、科技政策、社会福利政策之类的同等重视，其中"文化"强烈的精神性、意识形态性使得它不可避免地说不清、道不明。所有的文化政策只有两个目的：促进经济与安抚民心。经济发展是社会进步的前提，文化政策从经济角度来看是经济规划的直接利用品，"并将经济学的方法运用于政策分析：投资、杠杆、就业、直接与间接收入效应、社会与空间定位，等等。"[⑤]

① 胡惠林. 文化政策学［M］. 上海：上海文艺出版社，2003.
② 胡惠林. 文化政策学［M］. 上海：上海文艺出版社，2003.
③ 钱国旗. 历代文化政策及其得失［J］. 青岛大学师范学院学报，2007（4）.
④ 毛少莹. 中国文化政策 30 年［EB/OL］. http：//www.ccmedu.com/bbs35_75790.html.［访问时间：2010-09-23］.
⑤ Booth, P and Boyle. R. See Glasgow, See Culture. In F. Bianchini and M Parkingson（eds）*Cultural Policy and Urban Regeneration：The West Europe Experience*［M］. Manchester：Manchester University Press，1993.

　　第四，区域与城市政策是指导区域与城市发展的政策，是各类区域与城市规划赖以制定的基础。它在内容上和形式上都与那些非区域与城市政策的农村政策、国家政策的提法大不相同。区域与城市政策与经济政策、住宅政策、交通政策等也不一样，因为这些政策无法表明各级主管部门的责任界限。而区域与城市政策明确地表明了自己的内容和主管部门的范围，制定这些措施是为了影响并且调整城市化发展的过程，使之与区域与城市的总体发展目标相适应。

　　第五，区域与城市文化政策是将区域与城市的文化现象作为政策关注对象，通常不以"政策"直接命名，更多是以"规划"等字样出现。"规划在中国政治的运作过程中，是确定政策优先顺序的推动力，是政策调整的界限，是授予机构权力的依据，是决定各级政府之间权力分配的关键。"① 其中"区域规划是指跨省区的规划，覆盖范围包括相邻的省市，主要用来协调跨省区的发展目标，所以有别于地方规划"。② 而对于"文化规划"的定义也非常丰富，针对中国的情况，黄鹤认为："文化规划一方面是作为针对文化资源和文化需求的规划方法，是在城市和地区发展中对文化资源整体性及策略性的运用，用以提升城市和地区的竞争力，以及城市和地区的适宜性，它是城市规划中的重要组成部分；另一方面文化规划作为一种规划思想和理念，是城市规划设计的艺术，代表了以文化的观念来解决城市问题的发挥发展理念。"③ 如果从城市经济发展角度来看，用以推动城市经济发展的西方城市文化政策又分为三种："产业性文化政策，适用于当地文化产品的生产；旅游性文化政策，用以推动城市文化旅游的发展；装饰性文化政策，用以美化城市形象，增加城市吸引力。"④ 而实际上，我国的区域与城市文化政策与之有相似之处，也有不同之处。

　　第六，本书所指的"文化政策"特指从区域与城市的角度和基本特征

　　① 韩博天、奥利佛·麦尔敦. 规划：中国政策过程的核心机制 [EB/OL]. https://ptext.nju.edu.cn/c7/3c/c12146a247612/page.htm. [访问时间：2013-12-26].
　　② 韩博天、奥利佛·麦尔敦. 规划：中国政策过程的核心机制 [EB/OL]. https://ptext.nju.edu.cn/c7/3c/c12146a247612/page.htm. [访问时间：2013-12-26].
　　③ 黄鹤. 文化规划——基于文化资源的城市整体发展策略 [M]. 北京：中国建筑工业出版社，2010.
　　④ Frith, S. Knowing one's place: the culture of cultural industry [J]. *Cultural study from Birmingham*, 1991 (1).

出发，基于地区和文化的整体性、系统性和普遍联系性的特点，各区域、各名城政府部门颁布的直接或间接与区域与城市的文化保护和文化发展有关的，尚未上升到法律层面的所有文件，包括部门规章、规范性文件、管理条例、指导意见、战略规划、实施措施、通知、报告、办法等，也包括在区域与城市经济政策、科技政策等政策中与文化相关的内容。其主要目的是在分析不同城市文化发展优势和潜力的基础上，通过对区域内和城市内部文化资源的整合与挖掘及有效布局，实现区域与城市文化发展的合理分工与协作，避免不必要的竞争，促进区域与城市文化的整体联合发展，增强区域与城市的竞争力和文化影响力。

第七，本书所指的"政策研究"，是基于文本与实证相结合的对政策内容的研究。著名政策学家南格尔所揭示的情况反映了政策科学分为两大类："一类是对政策过程的研究，也就是对一项政策是怎样制定出来的研究，通常被定义为'政策研究'，包括政策内容、政策过程、政策产品研究；另一类是对因素、策略、方法等的研究，是对怎样才能制定出一项好政策的研究，通常被定义为'政策分析'，包括为政策制定提供信息、过程参谋、政策参谋，其中政策评价的研究介于二者之间。"[①] 朱志宏认为："政策分析乃是从收集和整理与政策方案相关资讯为着力点的一种过程，其目的在帮助我们规划、选择以及评估这些政策方案。"[②] 这是将政策分析框限在选择与评估政策方案上。本书将区域与城市文化政策文本作为研究对象，关注于政策制定者的身份、政策的主要内容及政策的实际效果。

## 三、文化城市与城市文化

"文化城市"概念，最早是在 1985 年于雅典举行的欧洲联盟文化部长会议上提出的，旨在认识文化在城市发展中的重要作用。

目前国内关于"文化城市"的内涵和定义涉及较少。

2004 年的上海文化工作会议，对"文化城市"的概念作了粗略定义，

---

① 袁振国. 教育政策学［M］. 南京：江苏教育出版社，2000.
② 朱志宏. 公共政策［M］. 台湾：三民书局，1991.

认为文化城市是文明城市、学习型社会和国际文化交流中心，同时也是国家历史文化名城。在此之前，也有学者试图从理论角度对其展开研究。戴立然等认为"城市文化"是名词，特指"已经存在的物质文化和精神文化的总和"，而"文化城市"则是动词，特指用文化"濡化"城市，即通过"文治教化"，"以文化人、以文化城"；认为现代城市的核心是市，市的核心是人，人的核心是文；城市价值观念文化是城市文化的灵魂或精髓，是"文化城市"的关键，城市规范性文化（人的行为模式、规范、生活方式、风俗习惯等）是"文化城市"重点，语言和符号是"文化城市"的重要手段。沈山等提出了"文化都市"的概念，认为文化都市是一个具有高度组织、功能齐全、能量巨大的文明集聚中心体。此概念显然是从城市功能定位的角度理解文化城市，认为文化城市建设只是城市形象塑造的一个重要组成部分，还不具有将文化城市看成一个专有的研究实体。还有马如兰指出"文化城市以宗教、艺术、科学、教育、文物古迹等文化机制为主要职能，在最大程度上保留原有的历史和文化积淀"[1]。但刘士林提出了这样的理念："文化城市本质上是一种不同于'政治城市'、'经济城市'的新的城市发展模式，其核心是一种以文化资源为客观生产对象，以审美机能为主体劳动条件，以文化创意、艺术设计、景观创造等为中介与过程，以适合人的审美生存与全面发展的社会空间为目标的城市理念与形态。与政治型城市化和经济型城市化相比，以文化艺术为核心功能的文化城市最能体现出人类文明发展的新高度，是兼顾了传统与未来、政治与经济、最适合主体需求和城市本性的科学与全面发展模式。"[2] 至此，文化城市的研究才有了质的飞跃，成为统领当代城市科学研究的逻辑起点。

关于"城市文化"，美国城市社会学家芒福德说："城市文化归根到底是人类文化的高级体现……人类所有伟大文化都是由城市产生的……世界史就是人类的城市时代史。"[3] 武廷海提出这样的认识："城市文化是城市体形环境（物质环境）的内部蕴涵，如社会结构、组织制度、价值观念、

① 马如兰等.文化社区及文化城市建设与新型城镇化［J］.甘肃科技，2010（22）.
② 刘士林.文化城市与中国城市发展方式转型及创新［J］.上海交通大学学报（哲学社会科学版），2010（3）.
③ ［美］刘易斯·芒福德.城市发展史——起源、演变和前景［M］.北京：中国建筑工业出版社，1989.

思维方式，等等。"① 王雅林则从城市文化的内涵和外延展开，阐明城市特色与城市文化之间的紧密关系，认为城市的基础设施、物质产品、社会结构、制度规范、精神气质、价值准则等都属于城市文化。这是一种大文化的视角，它将人创造的城市的物质财富与精神财富都视为城市文化。刘合林认为："以城市文化为核心手段组织城市经济活动、社会网络与空间形态，支持城市文化多样性需求与城市增长机器本质，处于不断发展状态的充满人情味的现代城市生活空间。"② 在我们的研究中，城市文化或者说区域文化的内涵相当丰富，在收集整理的近 1 500 条政策文件中，关于文化的内容从有形的物质文化遗产到无形的城市精神，从偏重社会效益的文化事业发展到偏重经济的文化产业发展，都是我们将要展开的研究范畴。

# 本 章 小 结

本章对区域与城市文化政策研究的提出的现实背景做出简要介绍，指出以城市及城市群为主体的城市化进程已经成为当下中国最重要的国家战略，其中以文化作为城市转型发展的重要资源越来越受到政策层面的重视；而改革开放以来，我国在城市文化政策上的数量建设也达到了一个相当可观的规模，亟须理论界对此开展系统研究。因此，本研究具有理论与现实的双重意义。虽然本研究属于交叉型的新兴研究方向，前人可供借鉴的直接成果并不十分丰富，但是我们在国内外的研究理论中，也获知了一系列的研究思路，为本研究的继续开展提供了辅助参考的作用。经过初步研究，我们发现目前我国区域与城市文化政策的研究是不足的，问题颇多：首先，在基础理论研究层面，尚未出现针对区域与城市文化政策的研究，缺乏基础理论建构，未能对区域与城市文化政策形成、统一的概念；在政策的目标、制定原则、价值取向、政策绩效等方面也没有系统的梳理。其次，定性研究多，而案例研究、定量研究缺乏，且务虚性研究较

---

① 武廷海．区域：城市文化研究的新视野［J］．城市规划，1999（11）．
② 刘合林．城市文化空间解读与利用——构建文化城市的新路径［M］．南京：东南大学出版社，2010.

多，实用性、操作性不强。究其原因，一方面在于区域与城市文化政策的特点决定了定量研究难度大；另一方面与现有研究学者的知识结构背景有关，城市科学尚未真正成为一门学科，作为其中的一个分支，区域与城市文化政策要涉及传播学、管理学、经济学、政治学和文化学等多种学科的交叉。再次，以往研究主题偏重以省域为单位、具体文化领域的政策现状及对策，忽视了对以文化或经济因素集成的城市群的总体文化政策发展走向的研究。将理论研究与个案研究相结合的成果也很少，即使有部分实例分析，也偏重于文本分析，缺少实证研究。为了弥补这些不足，我们参考了文化学、传播学、社会学等多种学科的方法。并对本研究中将要涉及的重要概念进行理论梳理与范围界定，将宽泛无边的文化政策限定在可进行系统梳理的范畴之内。

# 上 篇

历史研究与理论建构

有学者指出："新中国城市大体上经历了政治城市（1949—1978）、经济城市（1978—2005）与文化城市（2005 年以来，以'宜居指数'、'生态指数'、'幸福指数'等城市发展观为标志）三种城市化模式。"① 三者虽然是三个时期中国城市化的主要方式，但政治型城市、经济型城市并没有因 21 世纪的"文化大繁荣大发展"而迅速衰落，而是在很长一段时间内继续受到前两者（特别是第一种，即执政党意识形态）的制约；另一方面，2011 年，我国城镇人口突破 69 079 万人，占全国人口比例 51.27%，表明我们这个传统的农业国家已经初步完成了城镇化。"在此大背景下，一个国家和地区的现代化，在很大程度上将成为一个以城市现代化为中心展开的历史过程"②，城市的文化发展，越来越成为城市乃至国家综合实力的体现，而以城市群为代表的区域文化也在被重新定义，从原来的地域文化转向区域文化，是文化自明转向政策导向的一个隐喻。其中，行政力量的崛起正在显示出越来越大的效用。由此，我们对区域与城市文化政策的研究就具有了强烈的理论与现实意义。

---

① 刘士林．文化城市与中国城市发展方式转型及创新［J］．上海交通大学学报（哲学社会科学版），2010（3）．
② 单霁翔．文化遗产保护与城市文化建设［M］．北京：中国建筑工业出版社，2009．

# 第二章
# 区域与城市文化政策研究

近年来，国土资源部（现自然资源部）、国家发改委、建设部"三面出击"，出台了多部国土规划、区域规划、城镇体系类规划政策，形成了对"区域"的"围攻态势"，不仅突出反映了目前我国空间规划编制与管理的无序状态，也表现出对区域、城市规划的重视。

## 第一节　区域文化政策主要内容与特点

20世纪90年代末开始，我国陆续出台了西部大开发、促进中部崛起和振兴东北老工业基地区域发展战略。"这些规划所提出的任务、目标和投资渠道各不相同，但都超过了单独某个省区的范围。"[①] 自进入21世纪以来，特别是从"十一五规划"开始，我国将国民经济和社会发展计划改为国民经济和社会发展规划，为加强对区域发展的指导，推进区域经济的科学发展，又陆续出台或者批复了建设天津滨海新区、珠江三角洲、海峡西岸经济区、关中-天水经济区、辽宁和江苏沿海地区、黄河三角洲、广西北部湾、吉林图们江、江西环鄱阳湖、安徽等多个区域发展规划和区域性的政策文件；并且出现区域规划的编制工作从地方层面上升到国家层面

---

① 韩博天、奥利佛·麦尔敦．规划：中国政策过程的核心机制［EB/OL］．https：//ptext.nju.edu.cn/c7/3c/c12146a247612/page.htm.［访问时间：2013-12-26］．

的趋势，政府和学界也将这些由国家批复实施的区域性规划称作国家战略。区域规划作为区域管理中最有成效的一种协调手段，目前也越来越得到政府和学术界的重视，对区域发展规划的研究成果主要集中在对国外区域规划理论的引介及本土化应用①、区域经济空间规划②及区域政策内容演变③等方面。

中国区域发展研究有"重富"传统，长期以来，区域规划以经济增长为中心。因此，促进区域协调发展、保持经济平稳增长以及保护区域生态环境等具体内容的出发点都是为了培育和加强区域经济增长点。自国家"十二五"规划明确提出要"坚持社会主义先进文化前进方向，弘扬中华文化，建设和谐文化，发展文化事业和文化产业，满足人民群众不断增长的精神文化需求，充分发挥文化引导社会、教育人民、推动发展的功能，增强民族凝聚力和创造力"之后，从文化大发展大繁荣的角度切入区域发展规划的编制，成为近年来各级政府编制区域规划工作的重心，但从区域发展规划角度展开的文化政策研究还不多。本研究将选取几个有代表性的区域发展规划进行文本细读与比较研究。所研究的文化政策仅限于区域整体规划中对文化发展的具体要求，而不包括各区域或各城市独立编制的文化发展规划（政策）。通过对区域规划中的文化政策内容的梳理、比较，指出当前在制定此类规划时的不足之处，并提出相关改进建议。

## 一、国家级区域发展规划中文化政策的主要内容

目前已上升到国家战略层面的区域发展规划层出不穷、花样繁多，已基本覆盖全国各个范围。内容方面主要是对区域社会经济发展和总体建设，包括土地利用、城镇建设、基础设施和公共服务设施布局、环境保护等方面作出的总体部署。在近几年已获国家批准的区域发展规划中，常常把文化政策方面的内容和教育、体育、卫生、社会福利与社会保障内容一起写入"社会事业"章节里。但本研究所涉及的文化政策内容则撇除了教

---

① 吴之凌，汪勰. 武汉城市规划思想的百年演变［J］. 城市规划学刊，2009（4）.
② 刘乃全. 中国区域发展进程中的产业聚集现象之研究［J］. 上海财经大学学报，2004（2）.
③ 石碧华. "十二五"国家区域政策关注的主要问题及建议［J］. 理论视野，2010（8）.

育、卫生、体育、科技等其他领域政策的政策内容；另外，很多规划将文化产业政策放置在产业发展大类下，但是考虑到文化产业的特殊文化属性，本研究也将其列入考量范围内，因此本书所讲的文化政策大致包括对公益性的文化事业与经营性的文化产业的发展要求。

表 2-1 是根据 2008—2011 年获得国家批复后制定的部分区域发展规划文本整理的与文化相关的政策内容。

表 2-1　获国家批复的区域发展规划中的文化政策主要内容

| 规划名称（批准时间） | 区域发展规划中的文化政策涉及的主要内容 |
| --- | --- |
| 广西北部湾经济区发展规划（2008.2.21） | 积极发展公益性文化事业，加快公共文化服务体系建设，完善公共文化设施网络，加强文化市场管理，推进文化产业发展，保护民族文化遗产<br>会展业：把中国-东盟博览会和中国-东盟商务与投资峰会办得更有特色、更有成效，依托平台品牌，培育会展主体，开拓会展市场，做大会展经济。结合"会、节、演、赛"，发展特色会展，促进会展、旅游、商贸互动。建设和完善南宁、北海等城市会展服务设施<br>旅游业：立足旅游需求，发挥特色优势，依托中国优秀旅游城市，把北部湾经济区培育成为区域性国际旅游目的地和旅游促进中心。完善旅游产品体系，积极发展生态旅游、康体旅游、温泉度假、邮轮游艇、海岛旅游、自驾车旅游等休闲度假旅游产品。依托国家 4A 级以上旅游景点，打造旅游精品，构筑泛北部湾旅游圈。加强旅游基础设施和公共服务体系、安全与质量保障体系建设，大力提升旅游业服务水平 |
| 珠江三角洲地区改革发展规划纲要（2009.1.8） | 提升公民文明素质：创新社会主义核心价值教育模式，使社会主义核心价值体系融入国民教育和精神文明建设全过程。弘扬中华优秀传统文化和岭南特色文化，培育创业、创新、诚信精神，打造具有时代特征的新时期广东人精神，促进物质文明和精神文明共同发展。以增强诚信意识为重点，加强社会公德、职业道德、家庭美德和个人品德建设。建设学习型社会，形成热爱学习、崇尚知识的良好氛围<br>建立覆盖城乡的公共文化服务体系：实施基础文化设施覆盖工程，构建完善的市、县（市、区）、乡镇（街道）、行政村（社区）四级公共文化设施网络，到 2012 年，基层文化建设各项主要指标达到全国领先水平，建成城市"十分钟文化圈"和农村"十里文化圈"，确保城乡群众能够免费享受各种公益性文化服务。创新公共文化服务方式，加快建立健全文化信息资源共享网络服务体系，推进公共文化流动服务工程建设，打造全国性的公共文化建设示范区。积极挖掘、抢救文化遗产资源，有效保护并传承具有历史和科学价值的文化遗产。到 2020 年，形成服务优质、覆盖全社会的公共文化服务体系 |

| 规划名称<br>（批准时间） | 区域发展规划中的文化政策涉及的主要内容 |
|---|---|
| 珠江三角洲地区改革发展规划纲要<br>（2009.1.8） | 推进文化创新：深化文化体制改革，积极推进国有经营性文化单位转企改制，建立和完善文化产业竞争机制，培育多元化、市场化的生产和消费空间，形成富有活力的文化产品生产和服务经营机制。实施高端文化人才引进工程，激励优秀文化产品创作，打造优秀文化艺术品牌，不断推进先进文化发展，形成积极向上、特色鲜明、结构优化、科技含量高的文化产业体系，更好地满足人民群众多层次、多方面、多样化的精神文化需求。到2020年，文化产业增加值占地区生产总值的8% |
| 国务院关于支持福建省加快建设海峡西岸经济区的若干意见<br>（2009.5.4） | 建设两岸文化交流的重要基地：全方位、多层次开展与台湾地区的交往，推动文化交流、人员互动。加快推进闽南文化生态保护实验区建设，提升闽台缘博物馆的交流功能。深入开展两岸文化对口互动活动，深化两岸科技、教育、卫生、体育等方面合作。加强祖地文化、民间文化交流，进一步增强闽南文化、客家文化、妈祖文化连接两岸同胞感情的文化纽带作用<br>加强文化基础设施建设和文化产业发展：大力推进文化基础设施建设，加快建立覆盖城乡的公共文化服务体系，建立健全运行保障机制。加大投入力度，加强图书馆、博物馆、文化馆、文化站等文化设施建设，积极推进文化信息资源共享、广播电视"村村通"和农村电影放映等文化工程建设，进一步完善城乡公共文化服务网络。加强网络文化建设和管理，营造良好网络环境。整合文化资源，打造一批地域特色明显、展现海峡西岸风貌、在国内外具有影响力的文化品牌，重点保护发展闽南文化、客家文化、妈祖文化、红土地文化、船政文化、畲族文化、朱子文化等特色文化。加强文物、非物质文化遗产保护，完善历史文化名城等基础设施，妥善保护历史文化街区。推动文化与经济融合，大力发展文化创意产业，建立海峡两岸文化产业合作中心，着力培育专、精、特、新文化企业，努力使海峡西岸经济区成为全国重要的文化产业基地 |
| 江苏沿海地区发展规划<br>（2009.6.10） | 积极发展公益性文化事业，建设一批功能实用、覆盖面广的文化事业重大基础设施，推进乡镇综合文化站建设，加快建设覆盖城乡的公共文化服务体系。注重城乡文化资源的保护利用，加强南通历史文化名城保护 |
| 关中—天水经济区发展规划<br>（2009.6.25） | 文化产业：发挥该地区历史源远流长、文化积淀深厚的优势，积极发掘历史文化遗产，传承和创新秦风唐韵、佛道宗教等历史文化。大力弘扬现代文化，发展广播影视业、新闻出版业、文娱演出业和创意产业。构建一批文化产业基地，壮大一批名牌文化企业，培育陕西作家群、唐乐舞系列、长安画派等现代文化品牌<br>旅游产业：以西安为中心，加快旅游资源整合，大力发展历史人文旅游、自然生态旅游、红色旅游和休闲度假旅游。加强精品旅游景区和精品旅游线路建设，完善配套设施和服务功能，提升旅游资源 |

续表

| 规划名称<br>（批准时间） | 区域发展规划中的文化政策涉及的主要内容 |
|---|---|
| 关中—天水经济区发展规划<br>（2009.6.25） | 产业化经营水平。加强旅游管理机制创新，大力发展旅游经济，把经济区建设成为国际一流的旅游目的地<br>文化体育：大力保护历史文化遗产和非物质文化遗产。积极发展公益性文化事业，加快博物馆、文化馆、图书馆、乡镇（街道）综合文化站、城镇影剧院、农村文化室等公益性文化设施建设。推进广播电视村村通、文化信息资源共享、农村电影放映、农家书屋等惠农工程，建立完备的城乡公共文化服务体系 |
| 辽宁沿海经济带发展规划<br>（2009.7.1） | 加快构建覆盖城乡的公共文化服务体系，大力推进文化信息资源共享工程，加强县级图书馆、文化馆、乡镇综合文化站和村文化室等文化基础设施建设 |
| 促进中部地区崛起规划<br>（2009.9.23） | 积极推进公共文化服务体系建设：建设一批代表地方文化特色的重点文化设施。加强县级文化馆和图书馆、乡镇综合文化站、社区文化中心及村文化室建设，推进实施文化信息资源共享工程、农村电影放映工程、广播电视村村通工程和农家书屋工程，完善公共文化设施网络布局。鼓励社会力量捐助和兴办公益性文化事业<br>加强文化遗产保护和传承：继续开展抢救性文物保护设施建设，积极推进历史文化名城名镇名村、国家文化和自然遗产地保护等工程，支持市级和部分文物大县的博物馆建设，加强对大遗址等重点文物保护单位的保护修缮。加强对非物质文化遗产资源的挖掘、整理和保护，弘扬地方传统文化艺术<br>加快发展文化产业：深化文化体制改革，积极推动文化事业单位的转企改制，加快市场主体培育。实施精品工程和名牌战略，加快文化产业园区建设，着力发展以文化创意、影视制作、出版发行、印刷复制、广告、演艺娱乐、文化会展、数字内容和动漫等为重点的文化产业。着力支持一批国内知名的图书、报刊、音像等出版物品牌和出版企业发展，培育形成若干家双百亿新闻出版骨干企业。支持发展具有地方文化特色的创意设计产业。加快城镇数字化影院建设。推进湖南动漫游戏产业振兴基地和数字媒体技术产业化基地，武汉数字媒体工程技术中心，安徽、河南动漫出版产业发展基地建设。鼓励江西景德镇陶瓷艺术、河南少林寺武术培训与表演、山西和安徽戏曲艺术等民间文化产业的发展 |
| 横琴总体发展规划<br>（2009.10.28） | 发展文化创意产业：促进港澳以及国际文化创意产业与珠江口西岸地区的产业升级需求相结合，以工业设计、会展设计和动漫设计等为重点，吸引港澳及珠三角的文化创意产业人才，培育一批有国际竞争力、有知名品牌和自主知识产权的大企业和一批有增长潜力的中小企业，形成集群效应和规模效应，把横琴建设成为珠江口西岸地区重要的文化创意产业基地<br>文化体育设施：市级在中心沟中部设立文化创意区，积极承接港澳创意文化辐射，建立展示粤港澳合作的特色文化窗口。在大横琴山 |

续表

| 规划名称<br>（批准时间） | 区域发展规划中的文化政策涉及的主要内容 |
|---|---|
| 横琴总体发展规划<br>（2009.10.28） | 南部设置休闲度假区，为全球游客提供高品质的休闲娱乐及服务。片区级各片区均设置文化站和体育文化设施，创新公共文化服务方式，营造积极向上的文化氛围 |
| 中国图们江区域合作开发规划纲要<br>（2009.11.16） | 文化创意产业：发挥区域内民族风情和关东历史文化特色，加强文化产业设施和基地建设，打造东北区域动漫及创意产业中心。依托长春、吉林和延边现有的文化创意产业园区，集中力量建设影视、歌舞、汽车文化、出版印刷、艺术品流通、艺术创作、展览等多功能的文化创意产业基地<br>加强对外文化交流：利用中国与周边有关国家的历史文化渊源，在传承各国历史文化传统的前提下，以国家间互办文化年等活动为载体，举办工艺品和书画艺术品展销、文化旅游、歌舞表演、特色餐饮等具有各国特色和风情的、形式多样的文化交流活动。定期分别在中俄双方的吉林省长春市和滨海边疆区符拉迪沃斯托克市（海参崴）举办具有国际影响的文化交流活动，带动人员往来和经济技术合作 |
| 黄河三角洲高效生态经济区发展规划<br>（2009.12.3） | 加强公共文化服务体系建设，加快培育黄河三角洲生态文化，促进文化事业发展。加大基层公共文化设施建设投入力度，建设具有时代气息和地域特色的标志性公共文化设施。鼓励社会力量捐助和兴办公益性文化事业。加强潍坊杨家埠木版年画、吕剧等一批国家级非物质文化遗产保护，在文物藏品比较丰富的地方建设一批市县级博物馆。加强文化信息资源共享工程建设，拓展服务功能。充分发挥黄河三角洲地区文化资源优势，培育和壮大文化企业。实施全民健身计划，加强公共体育设施和健身场地建设。实现县县有较高水平图书馆和文化馆，乡镇和街道有规范的综合性文化站、社区有文化中心，每个行政村拥有适宜的文体活动场所<br>生态旅游业：按照发展大旅游、开发大市场、建设大产业的要求，加强旅游基础设施建设，推动旅游资源整合，突出神奇黄河口、生态大观园、梦幻石油城、黄河水城、武圣故里、宋代古城、世界风筝之都、摩崖石刻、海岛金山寺、滨海渔盐、枣林等特色，开发生态观光、文化会展、休闲度假、体育健身和古贝壳自然遗迹等产品。着力打造黄河入海口、滨海旅游度假、红色旅游和民俗文化四大精品旅游线路。支持黄河口生态旅游区、黄河水城、孙子文化旅游区建设，逐步建成国家级旅游区 |
| 鄱阳湖生态经济区规划<br>（2009.12.12） | 努力打造特色文化产业：充分挖掘陶瓷文化、稻作文化、戏曲文化、中药文化、茶文化等特色文化资源，培育一批特色文化产业品牌，实施精品工程和名牌战略。大力发展景德镇陶瓷文化创意产业、鹰潭道教文化以及广播影视、文娱演艺、新闻出版、动漫游戏等文化产业，开发具有核心竞争力的特色文化产品和文化服务项目，做大做强一批特色文化产业集团，形成若干具有较强竞争力的 |

| 规划名称<br>（批准时间） | 区域发展规划中的文化政策涉及的主要内容 |
|---|---|
| 鄱阳湖生态经济区规划<br>（2009.12.12） | 特色文化产业集群。积极运用高新技术创新文化生产方式，培育新型文化业态，丰富文化产品创造。加强文化队伍建设，努力培养高水平的创作群体和领军人物。建立健全非物质文化遗产名录体系和传承人认定体系，落实保护措施，推动国家级非物质文化遗产项目申报工作，促进非物质文化遗产的保护、传承和发展<br>加强县级图书馆和文化馆、乡镇综合文化站、社区文化中心和村文化室等建设。建立健全公共文化服务运行保障机制。完善农村困难群体帮扶机制，加快乡村敬老院建设。加快中心村镇体育设施建设，开展农民健身活动。新建一批文化信息资源共享工程县级支中心和村级服务点 |
| 国务院关于推进海南国际旅游岛建设发展的若干意见<br>（2010.1.4） | 加快发展文化体育及会展产业：加快发展文化产业，引进创意产业人才，大力发展文化创意、影视制作、演艺娱乐、文化会展和动漫游戏等各类文化产业，积极培育具有海南地域和民族特色的文化产业群。鼓励举办大型旅游文化演出和节庆活动，丰富演艺文化市场，支持海南举办国际大帆船拉力赛、国际公路自行车赛、高尔夫球职业巡回赛等体育赛事。在海南试办一些国际通行的旅游体育娱乐项目，探索发展竞猜型体育彩票和大型国际赛事即开彩票。办好博鳌亚洲论坛年会，完善博鳌会展服务设施，积极招徕承办各种专题会议展览，举办博鳌国际旅游论坛和国际旅游商品博览会，培育国际会展品牌<br>加快公共文化服务体系建设：统筹考虑当地居民与游客的需求，推进乡镇综合文化站和村级文化活动室建设，进一步完善县级图书馆、文化馆的设施设备条件，大力加强城市及社区公共文化体育设施建设，建立公共文化体育机构正常运行的经费和人才保障机制。加快推进广播电视数字化步伐，提高广播电视覆盖水平。积极开发利用"海上丝绸之路"文化遗产，开展国家南海博物馆、南海水下考古中心项目前期论证工作，加强对文物及非物质文化遗产的保护 |
| 长江三角洲地区区域规划<br>（2010.5.24） | 提升公民文明素质：广泛开展社会主义核心价值体系宣传普及活动和群众性精神文明创建活动，大力弘扬爱国主义、集体主义、社会主义思想。建设学习型社会，全面提升公民文化水平。以增强诚信意识为重点，进一步加强社会公德、职业道德、家庭美德和个人品德建设，形成文明健康的社会风尚<br>积极发展文化事业：切实增加公益性文化事业投入，在大中城市建设一批功能实用、标准较高、覆盖面广的文化基础设施。加强社区和乡村文化设施建设，重点实施乡镇文化站等基础文化设施覆盖工程。推进全国文化信息资源共享工程基层服务点建设。加强文化遗产保护与传承，保护历史文化名城、街区、村镇、重要文物和非物质文化遗产，进一步扩大对外文化交流。积极发展体育事业，加快构建全民健身服务体系。到2015年，率先建成覆盖城乡的公共文化服务体系 |

续表

| 规划名称<br>（批准时间） | 区域发展规划中的文化政策涉及的主要内容 |
|---|---|
| 长江三角洲地区区域规划<br>（2010.5.24） | 大力发展文化产业：加快文化产业基地和区域性特色文化产业群建设，扶持一批发展潜力大、市场前景好的文化产业，建设一批实力雄厚、具有较强竞争力和影响力的文化企业集团，提高文化产业规模化、集约化和专业化水平。深化文化体制改革，放宽市场准入条件，推进文化创新，实施高端文化人才引进工程，激励优秀文化产品创作，形成积极向上、特色鲜明、结构优化、科技含量高的文化产业体系。加强文化市场综合执法能力建设。到 2015 年，文化产业增加值占地区生产总值的 4％以上 |
| 成渝经济区区域规划<br>（2011.5.5） | 加强文化基础设施建设：突出城市文化特色，建设标志性文化设施，提升城市文化品位。结合旧城改造和企业迁建，在重庆、成都和文化底蕴深厚的区域性中心城市建设特色文化街区、文化广场、博物馆。加强区县公益性文化设施建设，建设一批满足群众文化需要的文化馆、档案馆、图书馆、影剧院。加大乡村文化设施投入，推进乡镇（街道）文化站、村（社区）文化活动室标准化建设。加强文物、非物质文化遗产、自然遗产和国家重大历史文化名城（镇、村）保护。<br>繁荣群众文化生活：大力弘扬巴蜀文化，打造铜梁龙舞、川江号子、自贡灯会等群众性节庆活动品牌，支持川剧、四川清音、綦江版画、土家摆手舞等传统文化发展。充分发挥小平故里、红岩村等爱国主义教育基地的作用，加强爱国主义和革命传统教育。鼓励创作一批文化精品，推动文化创意产业发展，丰富居民文化生活。开展文化下乡活动，实施农村电影公益放映工程和农家书屋工程，每年组织 10 台优秀剧目下乡巡演，满足农民文化消费需要<br>社会事业发展重点：文化。重庆自然博物馆、抗战遗址博物馆，四川图书馆和成都市文化馆、博物馆迁建，大足石刻保护工程，宋蒙古战场遗址保护工程，重庆广播电视塔新建，成都非物质文化遗产保护中心、羌族文化生态保护中心。重庆黄桷坪艺术创意产业园，成都国际文化创意产业、数字出版和影视基地，大田湾全民健身中心、重庆奥林匹克体育比赛中心，万盛羽毛球训练基地，成都国家体育产业基地，成都、雅安国家山地户外运动基地 |
| 山东半岛蓝色经济区发展规划<br>（2011.5.6） | 海洋文化旅游业：突出海洋特色，推动文化、体育与旅游融合发展，建设全国重要的海洋文化和体育产业基地，打造国际知名的滨海旅游目的地。① 文化产业。大力发展海洋文化创意、动漫游戏、数字出版等新兴文化产业，全力打造一批海洋文艺精品，建设一批有影响力和带动力的海洋文化产业园。② 旅游产业。大力开发特色旅游产品，提高旅游产品质量和国际化水平，完善旅游休闲配套设施，建设长岛休闲度假岛和荣成好运角旅游度假区，把青岛、烟台、威海等打造成为国内外知名的滨海休闲度假目的地；开展滨海旅游小城市、旅游小镇标准化建设；深刻挖掘海洋人文资源内涵， |

**续表**

| 规划名称<br>（批准时间） | 区域发展规划中的文化政策涉及的主要内容 |
| --- | --- |
| 山东半岛蓝色经济区发展规划<br>（2011.5.6） | 加快建设一批特色海洋文化旅游景区；加快发展工业旅游，重点打造青岛国际啤酒城、青岛国际电子信息城、烟台国际葡萄酒城、东营石油城等产业旅游目的地；高水平设计海洋旅游精品线路，建设三条各具特色、互为补充的滨海旅游带，做大做强山东蓝色旅游品牌 |
| 国务院关于支持河南省加快建设中原经济区的指导意见<br>（2011.10.7） | 实施基础文化设施覆盖工程，支持省辖市图书馆、文化馆、博物馆和文物大县博物馆等公共文化设施建设，继续实施广播电视村村通工程、农村电影放映工程<br>弘扬中原大文化，增强文化软实力：积极推进具有中原特质的文化大发展大繁荣，打造昂扬向上的中原人文精神，大力促进人口资源向人力资源转化，全面提高人的素质，为中原经济区建设提供强大精神动力和智力支持<br>提升中原文化影响力：挖掘中华姓氏、文字沿革、功夫文化、轩辕故里等根亲祖地文化资源优势，提升具有中原特质的文化内涵，增强对海内外华人的凝聚力。加强文物保护工作，探索大遗址保护机制。建设世界遗产保护研究基地。促进地方剧种、传统手工艺发展，加强非物质文化遗产保护利用，加大历史文化名城、名镇、名村保护力度。创新文化传播内容和形式，进一步推动中原文化"走出去"，扩大对外文化贸易<br>促进文化产业大发展：加快广播影视、演艺娱乐、新闻出版、动漫游戏、文化创意等重点文化产业发展，推进数字出版基地和动漫基地建设，扶持具有中原特色和国家水准的重大文化项目，创作更多思想深刻、艺术精湛、群众喜闻乐见的文化精品，打造全国重要的文化产业基地。支持开展文化改革发展综合试验，探索政府主导与发挥市场作用有机统一的文化事业和文化产业发展机制，完善扶持公益性文化事业、鼓励文化创新的政策措施。加大金融对中原文化产业发展支持力度，加快文化产业投融资平台和公共服务平台建设。积极推动文化市场开放，鼓励社会力量参与公益性文化建设<br>塑造中原人文精神：弘扬兼容并蓄、刚柔相济、革故鼎新、生生不息的中原文化，加强人文教育，提升人文素质，注重人文关怀，塑造具有中原特质、体现时代特征的人文精神。发扬愚公移山精神、焦裕禄精神和红旗渠精神。全面增强开放意识、市场意识、机遇意识和创新意识，深入实施全民科学素质行动计划，开展群众性精神文明创建活动，倡导敬岗诚信、劳动致富、团结互助的社会风尚，营造扶正祛邪、惩恶扬善的社会风气，树立中原发展新形象 |

对上述政策文件进行文本解读，通过合并同类项，笔者发现：一是2010年前后，发展会展业成为诸多区域的重要举措，如广西、横琴、黄河三角洲、海南及中部地区的规划中都有明确目标。而相关的数据统计和测算显

示，2006—2008 年政府主导型展会占全国展会数量的比例大约是 21%。<sup>①</sup>
二是依托原先丰富的旅游资源开发各类旅游产品也成为一大热门，如：广
西要把北部湾经济区培育成为区域性国际旅游目的地和旅游促进中心；关
中—天水经济区以西安为中心，发展历史人文旅游、自然生态旅游、红色
旅游和休闲度假旅游；图们江区域也将文化旅游作为对外文化交流的一种
形式；黄河三角洲高效生态经济区则着力打造黄河入海口、滨海旅游度
假、红色旅游和民俗文化四大精品旅游线路，支持黄河口生态旅游区、黄
河水城、孙子文化旅游区建设，逐步建成国家级旅游区；在海南国际旅游
岛则试办一些国际通行的旅游体育娱乐项目，举办博鳌国际旅游论坛和国
际旅游商品博览会；山东半岛蓝色经济区不仅大力开发特色旅游产品，深
入挖掘海洋人文资源内涵，加快建设一批特色海洋文化旅游景区，同时也
发展工业旅游，重点打造青岛国际啤酒城、青岛国际电子信息城、烟台国
际葡萄酒城、东营石油城等产业旅游目的地，做大做强山东蓝色旅游品
牌。三是各地都提出了要大力推进文化信息资源共享工程，加强县级图书
馆和文化馆、乡镇综合文化站、社区文化中心和村文化室等建设，如：珠
三角区域建成城市"十分钟文化圈"和农村"十里文化圈"，确保城乡群
众能够免费享受各种公益性文化服务；成渝经济区开展文化下乡活动，实
施农村电影公益放映工程和农家书屋工程，每年组织 10 台优秀剧目下乡巡
演的形式，满足农民的文化消费需要等现象，构成了区域文化政策的主体
内容。

### 二、国家级区域发展规划中文化政策的特点

通过研究发现，区域规划中的文化政策在制定程序上有两个特点：

第一，区域规划的上报主体一般是该区域首位城市的人民政府、区域
内省人民政府或两者联合上报。编制主体一般也是政府的相关政策研究机
构，但一般不对外公布，即政策的制定者实际上并不享受政策效果的正面
影响，也不用承担可能的决策失误后果。

---

① 魏士州.中国会展业"潮涌现象"与对策研究［J］.中国商贸，2011（14）.

第二，出台或批复此类区域规划的部门一般是国务院，也有以国家发展和改革委员会（简称发改委）或住房和城乡建设部等主管部委作为批复的发文机关的，但较多出现的是国家发改委，其他较少。这与国家发改委的职能密切相关，其有"组织拟订区域协调发展的战略、规划和重大政策"等职能。

在内容上又有如下四个特点：

一是从历史演变来看，近几年的政策内容对于文化的关注度逐年提升，大致体现出从粗到细、从少到多的特点。"从粗到细"具体是指，文化政策内容从纲领性地提出发展目标，丰富为对具体文化产业类别或文化设施的建设指导；"从少到多"指的是，关于文化建设的条目、范围逐年增加、细致、全面。

二是"文化"与"产业"关系密切。大部分文化政策中将文化产业归入现代服务业并提出实施目标与细则，主要为了强调文化产业对当地产业转型起到的带动作用。其中，发展会展业、旅游业几乎成为所有区域文化建设的必经之路。另外，数字出版、动漫游戏、移动多媒体等新兴文化产业也成为各地竞相追捧的热门支柱性产业。在全国一盘棋大力开展"文化强国"战略的当下，文化产业作为新兴产业成为转变各地经济生产方式的一种普适方式。

三是强调文化事业建设。推进公共文化服务体系建设，加强非物质文化遗产保护与传承是每个区域在制定发展规划时普遍关注的问题。由于文化又具有很强的意识形态特点，因此强调文化事业的社会效益，统筹考虑城乡之间的协调发展也迎合了和谐社会建设的需要。各地都提出要大力推进文化信息资源共享工程，特别是对农村文化建设格外重视，除了加强县级图书馆和文化馆、乡镇综合文化站、社区文化中心和村文化室等的建设之外，还有诸如"十分钟文化圈""十里文化圈"，文化下乡活动，农村电影公益放映工程和农家书屋等具体惠农工程。

四是注重文化资源的可持续利用与坚持文化创新成为推动区域经济发展的一大要素。"文化建设通过对反映社会群体利益、愿望和意志的理想信念、价值标准、道德风尚、行为规范等的确立，有利于形成适应经济发展的先进文化理念和文化环境，支配人的行为，调节社会关系，为经济的发展提供强大的精神动力，激发起经济主体巨大的主动性、积极性和创造性，从而产生创造力，推动经济迅速发展。"① 因此，部分区域发展规划中开始重视地方文化的保护与可持续开发，以文化创新的形式推动区域经济整合。

## 第二节　国家级历史文化名城文化<br>政策分类与演变过程

### 一、国家级历史文化名城文化政策的分类

名城作为中国文化强国战略中最受政策支持，同时也被寄予最大厚望的一类城市，在文化政策的制定力度上显然大于普通城市。但体量上的重视是否也保证了质量上的过硬，需要我们首先通过细致的爬梳寻觅答案。

1. 逻辑分类

对收集到的近 1 500 个文化政策文本，我们首先按照内容属性来进行分类，即将其分为政治型（文化政策中有关城市精神文明建设的内容）；经济型（文化政策中有关城市经济/产业发展的内容）；人文型（文化政策中有关城市文化发展的内容）三类。

1) 政治型

此类政策强调对城市精神文明建设、市民道德建设与社会和谐建设的倡议。一般以政府工作报告形式出现的文化政策都包含此类内容。在这类文件中，常以"建立和完善社会主义核心价值体系""解放思想""强化和谐社会建设""推进精神文明建设""培育现代城市精神、人文精神""建设共有精神家园""弘扬爱国主义、集体主义、社会主义精神""倡导爱国守法、明礼诚信、团结友善、勤俭自强、敬业奉献的基本道德规范"等关键词表述。但这些内容一般也只是作为其中一项，或者与民主法制建设合

---

① 彭宗平．区域文化与区域经济发展对策［J］．区域经济与产业经济，2010（5）．

并，或者作为社会事业/公益性文化事业的一个方面，而整个文件专门针对城市精神文明建设的情况比较少见，1981 年 6 月《关于建国以来党的若干历史问题的决议》把社会主义精神文明建设归纳为社会主义现代化建设道路的要点之一；1986 年 9 月《中共中央关于社会主义精神文明建设指导方针的决议》，进一步阐明了社会主义精神文明建设的战略地位、根本任务和基本指导方针。自 1996 年 1 月《中共中央关于加强社会主义精神文明建设若干问题的决议》明确了社会主义思想道德文化建设的重要性及 2001 年 9 月《公民道德建设实施纲要》推出以后，许多名城纷纷学习效仿出台了专项"决定"，如：1996 年 11 月《中共广州市委关于贯彻十四届六中全会精神加强社会主义精神文明建设的决定》，1996 年 12 月《中共上海市委关于加强社会主义精神文明建设的意见》，2001 年 12 月《中共北京市委关于贯彻落实〈公民道德建设实施纲要〉的意见》，2001 年 12 月烟台市委下发《关于贯彻落实〈公民道德建设实施纲要〉推进以德治市工作的意见》，2002 年 1 月《中共泉州市委关于贯彻〈公民道德建设实施纲要〉的意见》等。

但是近几年在城市精神文明等方面政策规划文件较密集出台的非北京市莫属，自 2010 年始，北京市出台了多个专门针对首都精神文明建设的文化规划，如：2010 年 4 月为响应"人文北京"的口号推出《"人文北京"行动计划（2010—2012 年）》，2011 年 5 月的《首都"十二五"时期精神文明建设规划》，同年 8 月的《北京市"十二五"时期人文北京发展建设规划》中又再一次强调了精神文明建设对北京市和谐社会建设与人文精神塑造的重要作用。而广州市则为支持"世界文化名城"的目标，于 2011 年 2 月推出《广州建设文化强市培育世界文化名城规划纲要（2011—2020 年）》，也对广州城市精神等要素做出了细致而明确的规划。

2）经济型

此类政策规划强调对城市旧区改造、文物保护与开发、城市文化设施建设、文化产业发展及文化市场管理等方面的指导。《中华人民共和国城市规划法》《中华人民共和国文物保护法》以及《城市紫线管理办法》都是国家层面的对历史文化名城城市规划及改造、文物保护与开发等方面的专项法律与政策。各个名城也大都在此基础上出台了根据各名城的历史情况与现实条件而制定的"某市历史文化名城保护规划""某市文物事业发展计划""某市文物保护规划"等。而城市文化设施建设一般特指由政府主导的公益性文化事业设施、设备、场地建设。因此，此类内容多在"某市文化事业发展规划""政府工作报告"的"文化事业发展"栏目下出现，一般会在文件中明确近几年将要重点完善、改造或开发的文化场馆。其中，广场、博物馆、歌剧院、美术馆、艺术中心、创意园区等大型文化活动场所几乎成为每座城市的"标准配置"。另外，"文化产业"是最热门的城市文化发展方向。据不完全统计，至少有杭州、绍兴、扬州、大理、昆明、苏州、景德镇、南京、长沙、武汉、沈阳、呼和浩特、济南、南昌、南阳、上海、天津、歙县、重庆、肇庆、郑州、聊城、无锡、北海、嘉兴、泰州等城市明确将文化产业发展作为"十五"或"十一五"期间的重点内容，都有关于促进本市文化产业发展的专项规划出台，其他城市则在历年的政府工作报告中也无一例外地指出本市文化产业发展的若干内容与实施要点，并且除了运用行政手段，往往还需配套使用经济手段（主要是财政手段、税收手段、投资或投资引导手段），在国家层面有《国家历史文化名城保护专项资金管理办法》，在地方则细化为"某市文化产业发展专项资金管理办法""某市税务局关于文化体制改革试点中经营性文化事业单位转制为企业的若干财税政策实施意见"等文件。但是，根据笔者的收集，此类附细则的专项资金使用办法还未全面铺开，许多规划只是提出"完善专项资金投入""加大资金支持力度""加强文化市场监管"等要求。因没有具体细则出台，这些政策的实际效果并不明确。

　　3）人文型

　　此类文件强调城市品牌建设、文化艺术创造、对外文化交流等内容，一般表述为"提升城市品牌""打造某某之都城市品牌""繁荣文艺创作""加强非物质文化遗产的挖掘与保护""扩大对外文化交流""办好高层次文化盛会"等。此类政策规划意图通过政府倡议对社会文化生活进行引导鼓励，且一般在"政府工作报告"或"某市总体规划"中出现，具体的专项规划不多，如"某市文化广播电视发展'十一五'规划及中远期规划""某市数字出版'十二五'规划""某市哲学社会科学第十一个五年规划"等。

2. 级别分类

中国是实行民主集中制的国家，"自上而下"制定各类政策，又由于"文化"的内涵极广，牵涉的政府部门也多，因此，名城文化政策的制定及发布主体具有明显的多元化特点。按照文化政策在制定或发布的主体划分，一般可分为三类：

1) 一般情况，城市文化政策的发布主体是该市（州、县）的人大或人大常委会、市人民政府、市发改委等政府部门

地方人大作为我国的立法机关，常以"人大常委会公告"的形式发布；地方人民政府是行政机关，常以"人民政府令"的形式发布；地方发改委则因其职能中"提出全市经济、社会和城市发展战略，针对经济社会运行发展中的重大问题及时提出运用各种经济手段和政策的对策和建议"的职能所在，也是一类重要主体。例如，徐州市人大常委发布《徐州市文物保护管理条例》、常熟市人民政府发布《关于印发〈常熟市"文化名市"行动计划〉的通知》、北京市发改委发布《北京市"十五"时期文化事业发展规划》等。

2) 与文化相关的政府部门

如"市文物局""市文化局"等，其特点是城市文化政策的发布主体是政府相关部门，特别是机构职能中涉及社会文化生活管理内容的部门和单位。编制主体一般也是政府的相关政策研究机构，但一般不对外公布，即政策的制定者实际上并不享受政策效果的正面影响，也不用承担可能的决策失误后果。例如，景德镇市文化局颁布《景德镇市"十一五"期间文化建设和发展规划》，曲阜市文物管理局颁布《关于春节期间曲阜籍市民优惠参观文物景区的公告》、邹城市文化局颁布《关于加强非物质文化遗产保护工作的实施意见》、邹城市文物旅游局颁布《关于切实做好"十一"黄金周期间文物旅游安全工作的通知》和《关于切实做好党的十七大期间文物旅游安全工作的通知》，苏州市财政局、苏州市文化广播电视管理局颁布《关于建立苏州评弹艺术传承人制度的实施意见》等。

3) 其他政府部门

（1）规划建设委员会审议、市政府批准，如北京规划建设委员会审议、市政府批准《北京旧城历史文化保护区保护和控制范围规划》，北京市规

划委员会颁布《北京旧城 25 片历史文化保护区保护规划》。

（2）市财政局，如呼和浩特市文化局与财政局联合出台《关于民族民间文化抢救和保护工程的实施方案》。

（3）城乡规划局办公室，如南昌市城乡规划局办公室《南昌市城市规划管理规定》。

（4）市经济委员会、市统计局，如上海市经济委员会、市统计局颁布《上海创意产业发展重点指南》，上海市经济委员会出台《上海市创意产业集聚区认定管理办法（试行）》。

（5）市经信委，如上海市经信委、市委宣传部颁布《上海市加快创意产业发展的指导意见》。

（6）市金融办等，如上海市委宣传部、市金融办等颁布《上海市金融支持文化产业发展繁荣的实施意见》。

（7）县建设委员会，如歙县建设委员会颁布《歙县国家历史文化名城保护规划》。

（8）规划和建设局，如宜宾市规划和建设局颁布《宜宾历史文化名城保护规划》、绍兴市规划局颁布《绍兴城市总体规划（2001—2020 年）》《绍兴市城市总体规划（2011—2020 年）》等。

4）科研单位与政府部门联合发布

以上几种发布主体的核心基本就是该部门的政策研究室，也有部分是委托给各类科研单位或高校的，而此类有科研单位直接参与的政策只是把原先的幕后工作者请到台前，使科研单位更加需要对自己的研究成果负责，如：北京市规划委员会、中国城市规划设计研究院、北京市城市规划设计研究院、清华大学颁布《北京城市总体规划（2004 年—2020 年）》，南京大学城市规划设计研究院、长汀县城乡规划建设局颁布《长汀城市总体规划（2009—2030 年）》等。

3. 功能分类

文化政策作为公共政策的一个组成部分，在功能上基本也可分为管制、引导、调控、分配四类。在不同的文化活动领域有针对性地偏向某一功能，是文化政策区别于其他政策的一个特点。

（1）文化政策的管制功能，是指文化政策主体通过制约、禁止文化政策对象不做什么，以实现政策主旨。这种功能是通过政策的条文规定表现出来的。文化政策的管制功能具有消极性管制，即对于错误行为的惩罚；还有积极性管制，即激励某种行为。一般体现在"文化市场管理""文化体制改革""网络文化建设"等方面。

（2）文化政策的引导功能，是指通过文化政策对人们的行为和事物的发展加以引导，使政策具有导向性。引导功能是政策的积极功能。一般体现在"文化发展规划""扶持文化产业开发"等方面。

（3）文化政策的调控功能，是指政府运用文化政策，在对社会公共文化事务中出现的各种利益矛盾进行调节和控制的过程中所起的作用。一般体现在"旧城改造""文物开发与保护"等方面。

（4）文化政策的分配功能，是指通过制定文化政策将文化产品、文化资源及由文化带来的收益公平、公正地分配给全社会。一般体现在"文化设施建设""文化资源共享""文化体制改革"等方面。

## 二、国家级历史文化名城文化政策的发展演变过程

自我国建立"历史文化名城"制度以来已三十余年，一方面，中央政府为促进国内经济的快速发展及适应各发展阶段的具体社会经济形势，国家的发展重点处于不断调整和演变的过程之中；另一方面，20世纪70年代末涌起的以市场为取向的改革大潮，给我国城市化注入了生机，各名城的文化政策重心也由此经历了一系列的变化。从历史的角度来看，我国名城文化政策的发展演变显现出三个阶段。

### 1. 1978—1992年

1978年十一届三中全会刚结束，人民建设国家的热情急剧上涨，3年恢复期过后，城市建设速度突飞猛进，城市规划跟不上城市建设的现实需要，再加上由来已久的对城市历史文化遗产价值的认识缺乏，各地对古城、文物古迹、风景名胜的破坏情况十分严重，迫使国家不得不尽快保护一批优秀的历史城市。基于此，早期的名城文化政策普遍重视生产而忽视

保护。

1984 年中央提出要进行经济体制改革，带动了社会各方面一系列改革措施。经济的快速发展使城市发展模式由早期单纯向外扩张转向新区建设与旧城改造并重的途径。在 20 世纪 90 年代初随着城市土地有偿使用和房屋商品化的改革而迅速推进，许多历史文化名城也开始了大面积的旧城改造。大规模的旧城改造虽然一定程度上改善了城市环境和居民的生活水平，但由于规模大、速度快，不仅对名城的历史格局、风貌造成很大破坏，也使得很多文物古迹及环境遭到破坏，同时大量历史城区被拆除，名城保护规划出现了暂时"失效"。例如，90 年代初，杭州西湖边相继盖起了高楼，影响了历史上形成的西湖美景，引起了国务院重视。这类"建设性"破坏的情况在其他名城也不断发生。

1993 年以前，只有韩城、西安极少数几个名城颁布了有关历史文化名城保护的地方法规。即使有法可依，在保护管理和建设中，仍然存在大量违法犯法、执法不严的情况。这从一个侧面反映了 80 年代末至 90 年代初，城市文化政策受重视程度远远不够，名城文化的保护规划甚至城市总体规划的法律地位都不高。

因时代变迁与技术手段的更新，我们现在能看到的改革开放之前的城市文化政策数量很少，因我国的名城制度始于 1982 年，故关于城市文化政策的文件多集中于此后发布。公布首批名城时发布的关于名城保护的第一份重要文件——国务院批转国家建委等部门《关于保护我国历史文化名城的请示的通知》，阐述了保护名城的重要性，并对名城保护和建设提出若干意见。1982 年年底颁布的《文物保护法》对保护规划也具有一定的指导作用。名城与一般的新建城市不同，城市特色及各历史时期遗留下来的文物和历史遗迹是最早受到名城文化政策关注的内容。1982—1985 年出台的历史文化名城保护规划较少，只有苏州、昆明、西安、南京等少数几个城市，它们的名城保护规划对后来其他名城编制保护规划产生了很大影响，早期的名城保护规划在分析名城特色、确定保护内容上做了很多工作，为名城保护规划的第一步打好了基础。其中，遵循的整体保护、宏观控制等思路，给名城的其他文化政策也定了性，如：1983 年《北京城市建设总体规划方案》："保护古都风貌不仅要保护古建筑本身，也要保护周围环境"；1983年《杭州西湖风景名胜区保护管理条例》："确定西湖区保护范围；西湖风景名胜区建筑物的风格、形式、体量、高度、色调，要与风景名胜区的自然景观、人文景观相协调。外围保护地带建筑物的设计、布局，要与风景旅游城市的要求相适应，不得有碍西湖风景名胜区的观瞻"；1993年《大理白族自治州大理风景名胜区管理条例》指出：大理风景名胜区的建设应结合当地的历史文化和民族特色；等等。

2. 1992—2000年

1992年10月党的十四大报告提出："积极推进文化体制改革，完善文化事业的有关经济政策，繁荣社会主义文化。"自此，明确了文化经济政策的改革方向，从中央到地方，与意识形态关系不密切的部分文化行业出现了产业化、市场化的趋势。这一阶段，名城的文化政策也开始出台一些与文化经济相关的文件。其中，像上海、广州等走在改革开放前列的沿海城市在此之前就已经有这方面的举措，如：1988年11月《上海市社会文化管理暂行办法》对舞厅（包括舞会、歌舞厅）、音乐茶座（包括卡拉喔凯）及其乐队，业余文艺演出，业余艺术教育培训，时装表演等文化艺术和文化娱乐活动以及民间文艺团体规范提出一系列具体的管理条例；1991年2月《广州市社会文化市场管理暂行条例》对广州市以商品形式进入广州地区流通领域的精神产品和文化娱乐经营活动进行具体管理。其中，上海在这方面的政策文件尤为丰富，如：1992年5月《上海市营业性文化娱乐业管理办法》对舞厅（含歌舞厅）、卡拉喔凯，茶座、咖啡厅、酒吧和餐厅中的乐队演奏或其他文艺节目表演等活动，康乐球、台球、电子游戏（艺）机，时装表演，文化游乐，其他文化娱乐大奖赛等项目都有明确的管理条例；而且针对性地对某些文化行业出台管理细则，如：1993年12月《上海市营业性游戏机娱乐业管理办法》是对经营和参与营业性游戏机（包括游艺机）、娱乐项目和活动的管理；1996年8月《上海市文化娱乐市场管理条例实施细则》是对开办营业性文化娱乐场所和从事文化娱乐经营活动以及对营业性文化娱乐场所、文化娱乐经营活动的管理。其他城市如济南、吉林、武汉、青岛等市也纷纷出台了对文化市场或文物市场的一些管理规定。

　　这一时期城市发展中的计划、政策机制逐步弱化，市场机制作用日益增强。2000 年，我国城市化水平提高到 36.1%，1980—2000 年年均增长 0.84 个百分点，其增长速度是相当高的。随着城市人口的大幅增加，城市文化消费越来越朝着多样化、娱乐性、参与性方向发展，为了满足人们日益增长的文化需求，大众娱乐业、文艺演出业、广告业、文化制造业等行业开始逐渐走向市场。

### 3. 2000—2012 年

　　从 20 世纪 90 年代中期开始名城的文化政策就已经有了从文化事业转向文化事业与文化产业并重发展的趋势。由于中国城市的发展有着普遍的家族相似性，因此"自体复制"导致的同质化现象异常普遍。"标准化"是城市文化政策"自体复制"的直接动因。这一"标准化"体现在：城市建设标准化，城市标配及城市文化政策内容的标准化。从 2000 年开始，2005 年前后"全国竟有 183 个城市提出建立'现代化国际大都市'的目标"，[①] 这一行为直接被批定位不实际，是透支和浪费日渐缺乏的发展资源。因此，在 2005 年之后，许多城市开始将文化建设目标从文化产业发展转向强调文化创意产业，如北京、上海等。但是总的趋势来看，由于 2005年 12 月，中共中央、国务院发表了《关于深化文化体制改革的若干意见》，是事业向产业转化、事业与产业并存的文化政策定位。21 世纪以来，无论是国家层面还是区域与地方城市都越来越注重文化的产业性发展。

# 本 章 小 结

　　本章对国家级区域规划中的文化政策内容及 123 个历史文化名城中关于文化的政策内容进行整理与总结，找出其主要特点及历史演变规律。总的来看，近几年的区域政策内容对于文化的关注度逐年提升，大致体现出

---

　　① 中国 183 个城市要建国际大都市 遭国务院严批 [EB/OL]. http：//business. sohu. com/20050725/n240188387. shtml. [访问时间：2005 - 7 - 25].

从粗到细、从少到多的特点。"文化"与"产业"的关系也越来越密切。公共文化服务体系建设，加强非物质文化遗产保护与传承也是普遍关注的问题。注重文化资源的可持续利用与坚持文化创新成为推动区域经济发展的一大要素。而通过对历史文化名城文化政策的逻辑分类、级别分类和功能分类，指出其不同的分类标准，整个发展演变则显现出三个阶段：从重视生产到偏重发展文化经济再到注重文化的产业性发展，虽然在政策数量上涨势迅猛，在政策范围上也不断扩大丰富，但主线路依旧显示出围绕着经济发展而展开的特点。

第三章

# 区域与城市文化政策的
# 主要问题及其建议

## 第一节　区域与城市文化政策的主要问题

　　区域发展规划的初衷一般都是以"1+1>2"为美好理想，意欲增强区域内各城市的整体实力；而在以"经济建设"为主要目标的规划中加入"文化"内容，也是出于这一"强强联手"的现实意图，与被专家反复讨论的"中国式城市化"类似的，"中国式区域文化政策"也难免存在着种种"生产过程中的阵痛"。仅就以上特点来说，一方面表现出有关部门在制定政策时的普遍关注点；另一方面，也对应投射出6个问题。

### 一、文化政策缺乏体系

　　我国至今没有一部成文的文化法，导致各类文化政策没有可依据的法律支持，甚至连文化政策的内涵也不确定。虽然，国内外学者都对"文化政策"的概念做过一些界定。例如，吴鸣认为："文化政策是国际组织和政府机构，在一定时期为实现文化发展特定目标，通过政策成本与政策效果的比较，对与文化发展相关的社会公私行为所作出的有选择性的约束和指引。"[1]

---

[1]　吴鸣. 公共政策的经济学分析［M］. 长沙：湖南人民出版社，2004.

邱明正指出"文化政策是一定社会特定时期文化运行规则的体现，是文化生长、发展的自我规范、自我约束机制，是国家对文化生产、文化流通、文化消费有目的有组织地自觉指导和有效管理、监督的重要依据，直接制导着文化发展方向、方针的贯彻执行，规定着文化增长的动力"，并认为，文化政策是国家政策体系中的一个不可或缺的组成部分，是一个国家、民族特定时期制度文明的显现。① 胡惠林将文化政策界定为："文化政策是国家在文化艺术、新闻出版、广播电视、文物博物等领域实行意识形态和行政管理所采取的一整套制度性规定、规范、原则和要求体系的总称，是有别于教育政策、科技政策的一种政策形态。"② 钱国旗认为，文化政策是统治阶级实施文化管理和意识形态统治所采取的规章制度、原则要求、战略策略的总称，直接表现了统治阶级在特定历史时期的文化自觉、文化意志与政治利益。③ 毛少莹认为："所谓文化政策，即社会公共权威在特定情境中，为达到一定的文化目标而制定的行动方案或行动准则，其作用是规范和指导有关机构、团体或个人的行动，其表达形式包括法律法规、行动规定或命令、国家领导人口头或书面的指示，政府大型规划、具体行动计划及相关策略等。"④ 甘宁汉（Cunningham）认为文化政策研究指的是使用管理公共财物的方法来对文化进行管理。⑤ 1988 年，联合国教科文组织在斯德哥尔摩召开的"文化政策促进发展"政府间会议指出："文化政策是发展政策的基本组成部分。"但至今没有一个统一的表述与界定，许多区域规划中对于文化内容的规划比较随意，不仅没有统一的内容范围，而且分类也较混乱，如各区域规划将文化内容放在"社会事业""公共服务""社会建设""基础设施"等各种类别下面；如大部分区域规划将"文化事业"与"体育"归为一类等现象，表现出文化规划的制定者在缺乏系统理论指导的情况下逻辑不清、判断不明的现实困境。

---

① 胡惠林. 文化政策学 [M]. 上海：上海文艺出版社，2003.

② 胡惠林. 文化政策学 [M]. 上海：上海文艺出版社，2003.

③ 钱国旗. 历代文化政策及其得失 [J]. 青岛大学师范学院学报，2007（4）.

④ 毛少莹. 中国文化政策 30 年 [EB/OL]. http：//www. ccmedu. com/bbs35 _ 75790. html. [访问时间：2010 - 9 - 23].

⑤ Cunningham，S. Cultural studies from the view point of cultural policy [C] J. Lewis & T. Miller. *Critical cultural policy studies: A reader*. Oxford，UK：Blackwell，2003.

## 二、政策内容及定位雷同

文化政策本就是一个异常繁杂的系统，由于牵涉太多"意识形态"的东西，文化政策的编制会有更多的限制条件，创意、创新的想法往往会因可能存在的风险而被叫停，于是，"随大流"与"跟风"行为成了文化政策研制过程中普遍存在的一个痼疾。一般来说，多关注文化产业发展战略规划、文化旅游发展规划、历史文化名城保护规划、文化事业发展规划等，而对于关乎民众文化福利的文化活动规划、教育培训规划等关注较少。具体来看，《中共中央关于制定国民经济和社会发展第十一个五年规划的建议》中的"加强社会主义文化建设"一篇，主要强调"加强思想道德建设""丰富人民群众精神文化生活""深化文化体制改革"；《中共中央关于制定国民经济和社会发展第十二个五年规划的建议》中的"传承创新推动文化大发展大繁荣"篇，则强调"提高全民族文明素质""推进文化创新""繁荣发展文化事业和文化产业"。细读之后会发现，后者是在前者的基础上的深化与拓展，而"十二五"规划中的"建设社会主义核心价值体系、拓展群众性精神文明创建活动、营造良好的社会文化环境、创新文化内容形式、深化文化体制机制改革、大力发展文化事业、加快发展文化产业"等内容，已然成为区域规划中文化政策内容的编制模板，各地政府在编制过程中不仅没有跳出这个框架的可能性，而且发展到越来越相似的地步，甚至对于以经济发展为主要规划目标的区域规划而言，文化内容往往只是为了在大的时代背景下迎合中央政策的某种点缀，或者是一种变相的要地、要资金的方式。仅以"文化产业"而言，由于中央出台了一些鼓励文化产业的优惠政策，"上行下效"的结果就是地方蜂拥搞文化产业，如湖南、海南、安徽、河南、福建等地都将动漫游戏产业作为当地发展经济的一大支柱产业；甚至在区域内部，同类型的文化园区重复建设现象也非常严重，各地都有各种名目的历史文化名城名镇名村、民俗文化博物院等。区域间文化定位的差异性不突出，海峡西岸经济区、关中—天水经济区、长江三角洲地区、中原经济区、图们江地区、广州南沙新区等都提出打造全国重要的文化产业基地。另外，关中—天水经济区将西安作为中华文化之都推出，与中原经济区将河南打造成中华文化的根亲祖地的定位本身也有同质竞争之嫌。

### 三、政策制定主观性太强，多催生型少原发型定位

无论是经济较发达的沿海延边区域如图们江、海南、广州南沙新区、山东半岛等地，还是四面环山的内陆城市如西部地区、成渝经济区、黔中地区、川渝与中原等地都将文化发展目标投向国际，提出通过举办具有国际影响的文化交流活动，带动人员往来和经济技术合作。然而，文化不同于经济，文化品牌的打造光凭资金、技术是远远不够的，靠政府政策催生有竞争力的文化品牌并不一定成功，当地自身的强大文化创造与消费能力才是关键因素。随着"全能型政府"的诞生，制定者对于文化该如何发展、往哪个方向发展也近乎全知全能，"长官意志"与"官本位"思想在政策制定过程中尤其突出，甚至出现"换一届领导换一个规划"的情况。这一点也可从文化产业发展政策在数量上远远大于其他政策上窥见一斑：关于文化产业发展的内容在各规划中占篇幅最大、条目最细、目标最具体，是否需要开发某一类文化产业、建造某一个文化产业园区、主打某一个文化品牌等，都基于它是否为当今主流，是否能得到最大收益，而非是否为当地市民最喜闻乐见的文化艺术形式。

### 四、重硬轻软，公共文化服务水平不均

一方面，由于我国长期以经济建设为中心，许多经济欠发达区域依靠《全国地市级公共文化设施建设规划》的相关规定，以建设基础文化设施为由，拿国家的经济补贴，既可拉动地方经济，又能提升这一可量化的文化发展指标，但普遍缺少对公民精神文明建设的重视（综观以上项文化政策，仅珠三角、长三角、中原经济区明确要求提升公民文明素质），导致了文化设施空置率较高，文化发展目标缺少人文内涵；另一方面，几乎所有的文化政策都提到加强对农村地区文化建设的力度，对农村地区的格外重视，恰恰说明农村在享受公共文化服务水平方面的不公平待遇，而农民

的精神文化需求仅靠送戏送书的施舍形式是很难真正得到满足的。《汉书》云："乐者，圣人之所乐也，而可以善民心。其感人深，其移风易俗易，故先王著其教焉。"① 缺少对伦理和礼乐在构建精神生活中重要性的认识，是导致公共文化服务"质"的严重不均的缘由。

### 五、多宏观与长期规划，跟不上现实变化

正如我国目前流行制定中长期规划一样，区域文化规划往往也将时间跨度尽量拉长，动辄把目标定在 20××年，或者是在全区域内统一标准、统一规划。由于文化领域的创意性与不可控性，过于盛大的项目与长远的目标其结果常常并不如人意，规划赶不上变化，创意不如随意也有可能。这一方面显示出区域文化规划的制定者对文化所特有的发展特性的把握不准确；另一方面也是中国在改革开放初期，城市化快速发展的特殊时代背景下，文化政策研究者缺乏实证研究的理论基础与个案研究的基本能力的真实写照。

### 六、缺乏刚性指标，政策效果不明

由于政策没有法律的强制性，文化规划又不同于土地等规划，缺乏有力的硬约束，文化政策在执行过程中，虽然对政府的绩效考核早已跳出"经济 GDP"的窠臼，出现了"绿色 GDP""人文 GDP""文化 GDP"等系列新兴术语，表现出政府与学界对城市发展的全方位思考，但仍存在换汤不换药的老问题，即"以产出衡量发展实力"，如"文化 GDP"片面以文化产业增加值为衡量标准即为一例。事实上，从统计 GDP 的角度，我们可以将文化政策分为生产型文化政策和消费型文化政策。生产型文化政策，最主要的目标是要建立一种低水平、高效率的文化生产力，以促进经济发展；消费型文化政策，目标是促进文化消费，提高社会文化福利，以提升全民文化水平。但无论哪一种，都缺乏有效的评估体系，如各地的文

---

① 班固. 汉书·礼乐志［M］. 北京：中华书局，1962.

化产业投入产出率扑朔迷离，新建的各类文化场所实际使用情况不得而知，等等。

## 第二节　关于提升我国区域与城市规划中<br>文化政策质量的建议

由于我国历来有官员异地任职的传统，很多城市的管理者往往也会有"过客心态"，对地方事务的不熟悉与对地方文化的陌生感，很难让他们投入大的精力去研究较少短期效益的区域性文化政策的制定。另外，区域政策不同于国家政策或城市政策，它比国家宏观政策更强调区域的特殊性，比城市政策更强调区域间的协同性，而"区域"是没有最高管理者的，每个参与者（城市）常会以"旁观心态"来看待整个区域的文化发展。"过客心态"与"旁观心态"导致了以上诸多问题的产生。而相比较土地、资源、人口等可量化的硬性指标，文化的包容性、共享性使得从文化角度促进区域经济协调发展成为更加温和、可行的一种方式。因此，对文化政策内容不能再仅限于照搬国家层面的文化规划，而是应该在积极思考的基础上提出真正有针对性、建设性、可操作性的政策措施。为此，笔者提出以下 6 点建议，以期改进上述问题。

### 一、完善文化立法

建议全国人大在宏观层面制定指导文化发展的《文化法》，"文化法是法律体系的重要组成部分，它与行政法、经济法等其他法律部门相互关联且自成体系，并与其他领域的法律一样以宪法为基石，以宪法确立的文化政策与文化权利作为基础，是国家和地方制定的调控文化行为、调整文化关系和保障文化权利的规范体系"。[①] 在此基础上，对文化政策的内涵、外延等作出明确界定，为地方政府制定具体的文化政策提供法律依据与政策

---

[①] 肖金明. 文化法的定位、原则与体系 [J]. 法学论坛，2012 (1).

引导。

## 二、构建文化政策的内容体系

体系有助于对内厘清责任分工，对外明晰权限职能。因此建议由国家发改委牵头组织专家团队尽快构建区域文化政策体系，区分区域与城市文化政策和区域与城市发展政策的内在逻辑，以及区域与城市文化政策的主要内容、目标定位、构成要素、内容要素、运行模式等信息。

## 三、规范文化政策的出台程序

从某种层面上说，政策制定的过程比结果更重要，文化政策的出台程序亟须规范化。国家宏观文化政策只是提供法律依据，在各地方政府具体编制区域与城市文化政策时，不能"依葫芦画瓢"，太过务虚，对于政策制定者的选择也不可太过偏执。除了政府有关文化管理部门与专业研究团队的参与，也可以参考使用"听证制度"，邀请该地区的民间文化工作者献计献策，提出具体、实际、针对区域与城市特点的想法和意见，为对本区域与城市文化发展有想法的普通市民广开言路，使文化政策真正"接上地气"。

## 四、加强实证研究及数据库建设

当今世界已进入大数据时代，区域与城市发展尤其需要海量而精准的数据支持。建议国务院信息中心等有关部门组建专门的研究队伍，集合力量梳理、构建区域与城市文化政策数据库，为学术界提供一个全面的政策信息平台，鼓励、扶持专家学者对各类文化政策效果进行跟踪分析研究，以帮助政府部门监督与管理文化政策的实施效果，改进文化发展规划；并根据各阶段各区域与城市的实际情况，对每年上报的区域与城市文化政策进行统筹协调，给予专业性的修改指导意见，以鼓励各区域与城市错位竞争，摒弃盲目跟风的陋习，抛弃贪大求全的心态。各区域与城市内部也应加强地方高校、研究机构与政府决策部门的学术合作，设立该区域与城市文化政策实施效果监测评估小组，由政府文化主管部门牵头，联合各类学术力量对本地的文化建设事业展开实地走访、调研，以获得第一手反馈资料。

## 五、建立文化政策的评估标准

标准是在对科技技术和实践经验的综合成果进行总结和提炼的基础上，以获得最佳效益为目标的一类规范性文件，是对法律规范的细化和落实，是对所约束对象的简化、统一、协调或优化。因此，建立科学的符合我国区域与城市文化发展实际的评估框架体系，对国家重大区域规划与重要文化城市的规划实施结果进行客观、全面的评估，及时发现规划实施与规划蓝图的偏差、存在着的各种障碍和困难，以及不断变化的外部环境对规划的影响，不仅势在必行，而且任务紧迫。为此，建议以现有区域规划为试点开展文化政策实施效果的评估标准设计，并开展实践论证，进而将区域文化政策的评估标准推广到更大范围。

## 六、调整文化政策的宣传重点

建议调整媒体的宣传重点，从观念上改变农村文化落后、城市文化先进的对立心理。美国著名区域经济学者埃德加·胡佛认为："区域经济政策的最终目标，是通过增进个人福利、机会、公平和社会和睦体现出来的。因此，一个区域的经济政策，显然应该有助于提高人均实际收入、实现充分就业、扩大个人职业和生活方式的选择范围，保障收入和避免造成收入悬殊。"[1] 同样地，区域与城市文化政策的最终目标也是为了满足市民对文化的需求，减小文化福利的地区差异。事实上，农村文化本身的生命力并不比城市文化弱，甚至在某些地方文化的传承方面，农村发挥着更大的作用。在此，我们需要的是对农村文化建设的形式加以丰富、创新，在

---

① ［美］胡佛．区域经济学导论［M］．北京：商务印书馆，1990.

农村生活的传统伦理道德观与民风民俗仪式被不断外来化、商业化的当下，变救助、补贴文化资源保护活动为扶持、政府购买乡土文化品牌的形式，从而提升农村地区的整体文化品位及文化品牌的影响力。

# 本 章 小 结

本章指出国家区域与城市文化政策中存在文化政策缺乏体系；政策内容及定位雷同；政策制定主观性太强，多催生型少原发型定位；重硬轻软，公共文化服务水平不均；多宏观与长期规划，跟不上现实变化与缺乏刚性指标，政策效果不明等问题，并对此提出六大改进建议：完善文化立法；构建文化政策的内容体系；规范文化政策的出台程序；加强实证研究及数据库建设；建立文化政策的评估标准；调整文化政策的宣传重点。

# 第四章
# 关于区域与城市文化
# 政策体系的探讨

## 第一节　制定区域与城市文化
## 政策体系的基本问题

### 一、制定区域与城市文化政策是当务之急

首先，需要高度重视文化政策对区域与城市发展的制衡作用，充分认识政府在文化政策中的主导作用。刘士林认为："新中国城市大体上经历了政治城市（1949—1978）、经济城市（1978—2005）与文化城市（2005年以来，以宜居指数、生态指数、幸福指数等城市发展观为标志）三种城市化模式。"[1] 可见，国内所有直辖市、副省级城市、省府所在地、市府所在地基本都是政治导向型城市，政治对大多数城市的发展有着极其重要的影响力，特别是政治型城市只要依靠手中的政策资源虹吸辖区内的各种资源就能轻松成为所在辖区内的先进城市。

其次，需要进行区域与城市文化政策战略性框架设计，建构文化政策的元政策。改革开放后，我国社会发生了从所谓的"领域合一"到"领域

---

① 刘士林．文化城市与中国城市发展方式转型及创新［J］．上海交通大学学报（哲学社会科学版），2010（3）．

分离"的转体，政治、经济、文化成为相对分离的三大独立领域，这就势必要求对中国特色社会主义文化的理论和政策进行理论研究，构建体系与框架，从而为区域与城市文化的规划政策提供制定依据。

再次，需要加强政府自身的文化政策执政能力建设。政府是进行文化政策规划与执行的主角，政府加强自身文化政策能力建设非常重要。文化政策能力包括敏感的文化政策意识能力、高屋建瓴地规划文化政策整体战略的能力以及有效执行文化政策的能力。而建构这些能力，需要制度资源、组织资源、认识资源和行动逻辑。

最后，需要组织和支持社会力量进行创新研究。我国目前正处于急剧转型的时期，即便确立了区域与城市文化政策的基本框架，在具体而多元的政策抉择和实施过程中还有很大的空白需要填补，仅靠政府的力量显然不够且不实际。所以，组织和支持社会力量包括学界、事业机构、企业界及国际组织，形成协作关系，针对重要的文化政策问题进行调查研究、过程分析、监控评估和创新试验，对于探索区域与城市文化政策的新思路、研究新方法具有无可替代的效应。

## 二、区域与城市文化政策体系的主要内容

按照前文的分类，文化政策作为公共政策的一个组成部分，在功能上基本可分为管制、引导、调控、分配四类。在不同的文化活动领域有针对性地偏向某一功能，是文化政策区别于其他政策的一个特点。具体来讲，文化政策的管制（制约、禁止）功能一般体现在"文化市场管理""文化体制改革""网络文化建设"等；文化政策的引导功能一般体现在"城市文化品牌""城市精神塑造"等；文化政策的调控（调节、控制）功能一般体现在"旧城改造""文物开发与保护"等；文化政策的分配功能一般体现在"文化设施建设""文化资源共享"等方面。具体分类及功能见表4-1。

由表4-1可知，由于区域与城市文化政策在功能上仍偏向管制与调控，引导与分配功能显得软弱无力，显示出区域与城市文化政策偏重于禁止性管理，大多是对义务和处罚等内容的设定，忽视对相关权利的保障，

因此可接受度较差、上升为法律的可能性也较低，不利于政策效果的最大化实现。

表 4 - 1  区域与城市文化政策主要内容分类及功能

| 一级分类 | 二级分类 | 三级分类及主要细目 | 主要功能 |
|---|---|---|---|
| 1. 区域与城市文化保护政策 | 1.1 区域与城市物质文化保护政策 | 1.1.1 文物保护：碑刻、建筑、历史风貌区保护等 | 调控 |
| | | 1.1.2 城市格局保护：旧城改造与城市化建设等 | 调控 |
| | | 1.1.3 生态环境保护：自然资源保护等 | 调控 |
| | 1.2 区域与城市非物质文化保护政策 | 1.2.1 文化资源保护：扶持非物质文化遗产传承、保护名人资源等 | 调控 |
| | | 1.2.2 民俗文化保护：举办节庆活动等 | 分配 |
| | | 1.2.3 地方文化保护：城市品牌塑造、农村文化保护等 | 引导 |
| 2. 区域与城市文化发展政策 | 2.1 区域与城市文化事业发展政策 | 2.1.1 文化体制改革：文化事业单位改制、文化人才培养及引进等 | 管制 |
| | | 2.1.2 公共文化服务：文化设施建设、提供公共文化产品、文化交流、共享及文化安全等 | 分配 |
| | | 2.1.3 精神文化建设：公民道德教育、建设学习型社会、和谐社会、城市精神等 | 引导 |
| | 2.2 区域与城市文化产业发展政策 | 2.2.1 文化市场管理：规范文化产品生产、消费等 | 管制 |
| | | 2.2.2 旅游业及文化产业园区建设：各类型旅游业开发、文化产业园区（基地）建设项目等 | 管制 |
| | | 2.2.3 新兴文化产业发展：扶持会展、动漫、网络游戏等产业 | 引导 |
| | | 2.2.4 文化企业规范：监督影视、娱乐、媒体、印刷、艺术培训等文化企业活动等 | 管制 |

## 第二节　建构区域与城市文化政策
## 体系的制定原则和依据

### 一、区域与城市文化政策的制定原则

#### 1. 科学性与实用性相结合

区域与城市文化政策是以为促进区域与城市文化发展为目的而制定的实施方案，它的正确与否要看它是否实现了这一目标。所以，制定区域与城市文化政策要实事求是，使文化政策切实建立在科学的基础上，具有科学性。但区域与城市文化政策的科学性在实践中更应表现为很强的实用性。文化政策与文化理论不同，它不是概念、范畴、体系的组合，而是连接理论与实践的中介，应通过具体的政策措施，指导有关部门展开区域与城市文化建设的具体实施。

#### 2. 历史性与现代性相结合

区域与城市的历史文化资源与现代城市化建设是需要并行考虑的两个方面。文化因不同于科技、经济等，特别强调历史的因袭、文化资源是文化政策的主体、文化资源具有传承性的特征，在制定区域与城市的文化政策时必须从历史的角度出发，充分考虑如何保护区域文化与城市文化的传承。同时，历史的车轮又是不断向前的，高速的城市化发展是区域与城市综合情况得以改善的必经之路，城市的现代化改造对于城市的文化发展来说也是必需的新鲜血液，在文化政策的制定过程中，也要从现实情况出发，将历史与当代的文化诉求都加以综合考虑。

#### 3. 统一性与针对性相结合

区域与城市文化政策事实上只是区域与城市政策中的一个组成部分，区域与城市的文化政策应与区域与城市发展的总体战略统一，与其他政策内容协调，才能保证政策实施效果的最大化。同时，针对不同区域不同城

市特殊的历史条件、经济水平、文化传统，有针对性地制定文化政策，是避免进一步同质化竞争的最好方式。

4. 阶段性与延续性相结合

一般来说，规划都有期限一说，一般有"5年""10年""20年"或者"近期""中期"和"远期"等。众所周知，中国传统文化在新文化运动中遭遇过断裂，要重构或修复文化传统非一日之功。因此，应首先制定具有明确阶段目标的区域与城市文化政策。文化政策与其他政策一样，也需要持续与稳定来保证政策的合法性与权威性，区域与城市的文化发展也是一个需要不断注入关注的领域，需要针对各自的文化战略目标制定具有长远意义的文化政策。

5. 经济效益与社会效益相结合

文化的意识形态特性决定了文化政策必须将经济效益与社会效益放在同一位置考虑，并且必须保证社会效益优先的原则。文化政策有教育人民、引导社会的责任，也有扶持文化产业、促进经济增长的义务。换言之，区域与城市文化政策应体现区域与城市文化保护与发展并进的政策目的。

## 二、区域与城市文化政策的制定依据

1. 国家及党中央关于文化建设的有关论述

党中央一直高度重视运用文化引领社会前进方向，不断加强和改进党对文化工作的领导。1949年以来，尤其重视文化建设的重要意义，主要包括：中国共产党领导人论著中关于文化内容的指示，有关文化建设的重要地位、文化建设的指导思想、文化建设的基本方针、建设社会主义核心价值体系、繁荣发展文化事业和文化产业、文化创新和文化体制改革、文化人才队伍建设、党对文化建设的领导等内容；[①] 历届全国人大会议中有关文化建设的决议；历年国务院政府工作报告中对文化发展的具体规划等。这是国家层面对

---

① 中共中央宣传室、中共中央文献研究室. 论文化建设——重要论述摘编［M］. 北京：学习出版社，中央文献出版社，2012.

文化政策的指导意见，也是各地方制定文化政策的依据。

### 2. 区域与城市文化发展目标

文化发展目标对大多数城市来说是在制定城市发展规划中不可或缺的一部分。早在 1986 年广州就举办过文化发展战略的研讨会。20 世纪 90 年代，北京、上海等城市，先后制定文化发展目标，如《关于加快北京市文化发展的若干意见》《广州文化发展战略纲要》《广州建设现代化国际大都市的文化发展总体规划》，以及上海提出成为 21 世纪国际文化中心城市的发展目标等。文化发展目标对区域与城市而言，是根据自身的特定文化资源与文化环境提出的发展战略，对制定本区域与城市的文化政策具有纲领性的目标意义。

### 3. 区域与城市文化发展经验

经验是与理性认识相区别的一个认识阶段、认识形式，有时称之为感性认识。文化的特殊性决定了文化发展应该注重对历史经验的吸收与学习。各区域或各城市在历史演进过程中，积累了丰富的文化发展经验，是我们制定文化政策时需要借鉴与参考的重要因素，是制定文化政策过程中的原则。

### 4. 国家、区域与城市的其他相关政策

文化发展并不是孤立存在的独立体，在国家、区域与城市的整体发展中，文化、经济、社会、生态等各方面相互影响、相互作用，经济政策、科技政策、产业政策及其他相关政策都会对文化政策的实施效果产生影响。因此，在制定过程中，也应充分考虑是否与其他政策协调，是否符合区域与城市发展的大趋势，是否有利于促进区域与城市的整体发展。

## 第三节　区域与城市文化政策
## 体系要素与运行模式

2013 年中央经济工作会议提出"积极促进区域协调发展。要继续深入

实施区域发展总体战略，完善并创新区域政策，缩小政策单元，重视跨区域、次区域规划，提高区域政策精准性，按照市场经济一般规律制定政策"，显示出党中央对政策制定的高标准、严要求，以及对区域与城市规划政策的重视。

按照区域与城市文化政策制定主体的级别及效力强度，我们一般把它分为法律法规、战略规划、部门规章、管理条例、指导意见、通知、报告、办法、文件等多种类型。一般来说，除了"法律法规"有强烈的约束力以外，"战略规划、部门规章、管理条例"等更具操作性，有"细化""实化""差别化"等特点；而"指导意见、通知、报告、办法、文件"等更多的是一种指导建议或导向性的意见。

区域与城市文化政策体系的框架与其他政策体系的框架大体一致，即都是由文化政策的制定者、执行者、相关者，各种文化政策，文化政策的作用对象组成。但是在具体的内容上，显然又是不同的。

## 一、区域与城市文化政策体系构成要素

### 1. 区域与城市文化政策的制定者

区域与城市文化政策的制定者有官方的和非官方之分。官方组织一般是指该区域里各城市政府组成的联合班子、该区域首位城市政府或市人大、该城市市政府或市人大、省级或市级文化管理部门等，它们是区域与城市文化政策体系的直接制定者。官方的制定者除了直接制定者以外，还有一部分间接制定者，作用也非常重要，如中共中央、全国人大、国务院、国家文化部（现文化与旅游部）、国家发改委、国家建设部等与城市、文化、城市发展有关的国家级领导部门，它们对区域与城市文化政策体系的构建起着指挥性、引领性的作用。同时，还有另外一部分官方组织，即相邻区域与城市的文化管理部门等，对区域与城市文化政策体系的构建起着参考与借鉴的作用。而非官方的制定者则由各种利益团体、普通公民和大众传播媒介等组成。他们没有政府权力，但却能对政策的制定产生深远的影响，比如各种民间文化团体、学术研究群体、文化企业单位等。

2. 区域与城市文化政策的执行者

区域与城市文化政策的执行者，就是将文化政策理想转化为现实的组织及人员。在执行者中，有一部分人或组织就是政策的制定者；也有一部分仅仅只是执行政策的人或组织。执行者的素质对文化政策的实际效果作用也很大。

3. 区域与城市文化政策的相关者

区域与城市文化政策的相关者即除文化政策制定者、执行者以外，间接受文化政策影响的人或组织，比如城市房地产业开发者、城市交通管理部门、城市规划部门等都会因为区域与城市文化发展的需要作出调整。

4. 区域与城市文化政策对象

就文化政策调整对象的一般性而言，文化政策的对象是从事区域与城市文化保护、区域与城市文化发展工作，正在极力推进文化城市建设的人或事物。

5. 区域与城市文化政策内容

文化政策体系的复杂性就在于，它既包括推动文化政策体系运行的人或组织，也包括政策作用的对象，更包括各种文化政策。各种文化政策是文化政策体系中的核心，因此，区域与城市文化政策体系必须以促进区域与城市文化发展为宗旨，全面、有重点、有针对性地设计各项文化政策。

图 4-1 中的这 5 个要素在大的政策环境影响下相互作用，以促进区域与城市文化发展的目标指向下不断调整，构成了区域与城市文化政策体系的模型。

**二、区域与城市文化政策中的内容要素**

建构区域与城市文化政策体系，应包括涵盖结合区域与城市文化基本

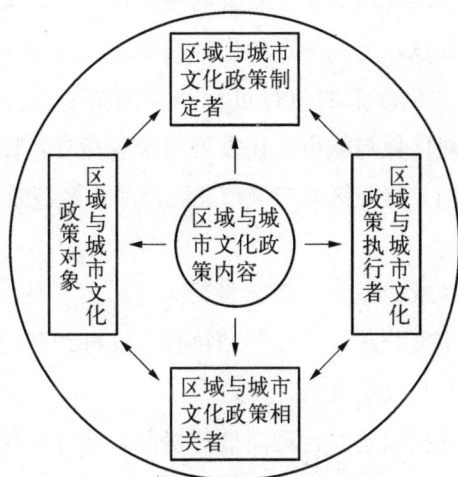

**图 4-1　区域与城市文化政策体系模型**

特点的文化发展战略、文化保护政策与文化发展政策、文化政策评估机制及文化政策实施保障措施等内容。

### 1. 区域与城市文化发展战略

这是文化政策制定、实施的指导原则。区域与城市文化发展战略是指战略主体对区域与城市文化发展的内部、外部战略环境进行全面分析，在此基础上，以文化发展的战略指导思想和战略方针为指引，科学确立文化发展的战略目标和任务，制定有效的战略措施和实施方式。应特别强调的是，区域与城市文化发展战略必须以客观文化需求为前提，客观的文化需求和文化消费力是文化事业、文化产业、文化市场的长久动力与第一资源。

### 2. 区域与城市文化政策主体

这主要包括区域与城市文化保护政策和区域与城市文化发展政策。由于，区域与城市文化政策以区域与城市的传统文化为主要关注内容，而传统文化所面临的问题与其说是传承与创新，不如说是保护与发展的协调。

### 3. 区域与城市文化政策评估机制

这是监督与评价文化政策以调整政策往更加完善方向改进的必要措

施，具体是指开展区域与城市文化政策的考核评价。对文化政策执行的结果以及达到的目标程度，运用一定的指标和方法，依据一定的标准进行客观评判。目的是对文化政策的执行过程和实施结果进行准确、客观的评价，从而加强政府对区域与城市文化发展的宏观指导，促进区域与城市文化政策的改革与创新，提高区域与城市文化产品的经济效益和社会效益。

4. 区域与城市文化政策实施保障措施

这是区域与城市文化政策得以顺利执行、发挥绩效的支持系统，有行政手段、经济手段与科技手段三种方式。

行政手段主要是指以建立合理高效的机制，从开放管理、推动文化人才队伍建设开始，完善经费分配制度、评价制度、奖励制度和科研管理机制，创造良好的政策环境，形成文化与产业机构紧密结合的良好局面。

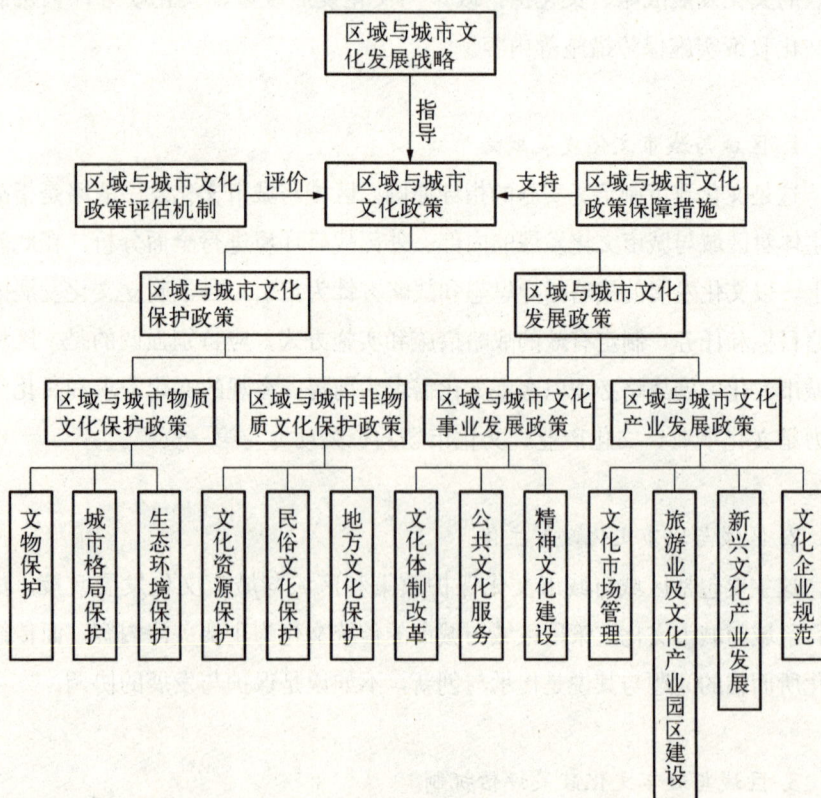

图 4-2　区域与城市文化政策内容框架图

经济手段主要是指以多种形式吸引资金，加大政府与民间投资，制定相关的优惠政策，促进文化保护及发展的各项配套措施，形成多层次、广泛的金融支撑网络体系。

科技手段是指构筑文化人才发挥作用的信息硬件平台和软件平台，建立机制灵活、形式多样的促进文化产业技术发展的信息平台。

### 三、区域与城市文化政策运行模式

区域与城市文化政策体系的运行主要包括文化政策制定、文化政策执行、文化政策评估、文化政策调整四个环节，由这些环节构成了一个政策周期。

#### 1. 文化政策制定

区域与城市文化政策的制定过程可分为问题的诊断、目标的确立、方案的拟定、方案的优选和政策的合法化 5 个步骤。问题的诊断，首先要确定该问题是否为文化发展问题，问题一旦成立，需要马上明确政策目标；目标的确立，区域与城市文化政策问题的解决，不但是要解决文化发展问题本身，还必须是以区域与城市为立足点，文化政策的效果必须有利于区域与城市整体的发展。明确了这个目标以后，才能开始拟订方案。

#### 2. 文化政策的执行

文化政策执行指执行人员或组织为了致力于先前政策决定所设立政策目标的实现而采取的各项行动。区域与城市文化政策的执行可以从文化政策宣传、文化政策试行和文化政策全面推广三个步骤来进行。文化政策宣传可以为文化政策有效执行打下坚实的基础。文化政策试行既符合文化城市的实验性，又可以验证文化政策的正确性，还可以及时发现偏差，进行修正和完善。文化政策的全面推广则是文化政策真正发挥作用的时期。

#### 3. 文化政策评估

政策评估是政策过程中的一个重要环节，是"调整、持续、重组或终止政策的重要依据"。① 区域与城市文化政策评估可以分为三个基本步骤：评估准备、评估实施、评估总结。在做评估准备阶段，首先，要确定评估的对象，这个被评估的对象应该是对区域与城市文化起作用的文化活动或文化政策。其次，制定评估方案。这是整个评估准备阶段最关键的工作，可以区域与城市文化发展情况、社会和谐度、经济发展指标等为依据制定评估方案。再次，组织准备，指选择或建立合适的评估机构，挑选合格的评估人员。在评估实施阶段的主要任务：一是采集整理文化政策信息；二是统计分析文化政策信息。采集到的评价信息既有定性的内容，也有定量的内容，应使用不同方法分析；三是运用评估方案获取结论。评估总结，应当撰写对被评估文化政策的总体评估报告，对文化政策的制定与实施进行总体的评价；同时，还应对未来文化政策的制定与实施提出建议，以促进区域与城市文化的发展；最后，对文化政策评估活动作出总结，主要是对评价机构的效率、管理机制进行总结，对评价人员的选择、评价人员的素质进行评估，对评价方案与评价程序进行反思，等等。

### 4. 文化政策的调整

区域与城市文化政策的调整既包括调整也包括废止。文化政策的调整是由于在区域与城市文化政策执行中各种影响因素变动得非常快，再加上文化政策问题本身的变化、文化政策环境的变化以及各种评估的结果，促使文化政策目标、文化政策方案的变化。政策调控是政策的再制定与再执行。

文化政策的废止，不是一种消极行为，而是积极的政策变迁过程，是文化政策调整的一种。它表示旧政策的结束，也表示新政策的开始。区域与城市文化政策通过废止一部分过时的文化政策，来实施一部分符合现实需要的文化政策。

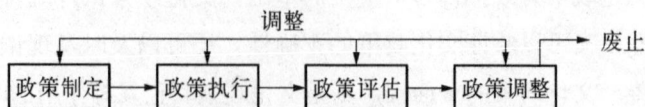

图 4-3 区域与城市文化政策运行模式

① 冯锋，李庆均. 公共政策分析理论与方法 [M] . 合肥：中国科学技术大学出版社，2008.

# 本 章 小 结

　　本章以区域与城市文化政策的体系建构过程为主要逻辑顺序。通过对内容要素的功能特点分析得出，目前的区域与城市文化政策偏重于禁止性管理，大多是对义务和处罚等内容的设定，忽视对相关权利的保障，因此可接受度较差、上升为法律的可能性也较低，不利于政策效果的最大化实现。应该提出建构区域与城市文化政策所需要的政策、观念、制度、现实背景及理论技术等方面的前提要求。在此基础上，构建出具有首创性的区域与城市文化政策体系模型。

# 下 篇

区域与城市文化政策
经验与比较研究

实证研究的缺乏向来是政策研究的一大遗憾；文化政策研究向来注重理论探讨而缺乏案例研究。本研究将以经验分析与比较研究的方式对现有的区域与城市文化政策展开讨论。首先，选择中国第一大经济区，也是唯一跻身世界级排行的世界第六大城市群——长三角城市群，作为观察文化政策演进发展的主体，揭示影响区域文化政策发展变化的各类要素，以期对其他区域的政策制定程序起到一定的借鉴作用。其次，以"得中原者得天下"的中华文明的发源地——中原城市群，作为文化政策实施与文化发展之间关系的研究对象。因为中原不仅是中国现代化的一面镜子，即存在农业人口巨大、自然资源相对紧张的困境，同时也有历史传统悠久、文化资源丰富的优势。因此，它更有条件和能力在"文化强国"战略中有所作为，对它的研究将对中西部其他区域的文化发展起到示范作用。再次，上海与广州，作为中国经济实力最强大的沿海历史文化名城，代表着先进文化与主流社会状况，其文化政策的实施效果理应是比较好的，通过对两者的文化政策效果的比较研究，探讨其各自的长短，管中窥豹，对于其他城市的文化政策实施效果也可有一个大致的了解。

# 第五章

# 长三角区域文化政策进程研究

## 第一节 长三角区域政策演进史

在漫长的历史演变中，长三角作为江南文化的代表，素有物华天宝、人杰地灵的美誉。据史书记载，早在商代末期，长三角就出现了最早的城市——常熟。随着周太伯奔吴，无锡、苏州等城市相继出现，接着公元前486年，扬州拔地而起；公元前472年，勾践在雨花台筑"越城"；公元前248年，湖州建立；公元前202年，无锡建立；公元195年，镇江建立；公元400年，宁波筑城……长三角城市群的最初格局就这样出现了。与古代江南在地理上不断发生变化一样，当代长三角城市群在内涵上也处于持续的变动与建构过程中，特别是在中国现代化转型中，长三角因丰富的政策资源对其他地区独具导向性作用。

### 一、"长三角经济区"的提出

早在1982年，就有国家领导人提出"以上海为中心建立长三角经济圈"，只不过最初设想的范围只包括上海、南京、宁波、苏州与杭州。直到当年的12月22日，国务院发出《关于成立上海经济区和山西能源基地规划办公室的通知》，才正式确立以上海为中心，包括长江三角洲的苏州、无锡、常州、南通和杭州、嘉兴、湖州、宁波、绍兴等城市组成上海经济区，这是 1949 年以来以地理空间为特征的长三角经济区概念的最早雏形。但是关于长三角经济区的范围其实并非固定不变，1983 年 1 月，姚依林副总理在《关于建立长江三角洲经济区的初步设想》中明确指出：长江三角洲经济区规划范围可先以上海为中心，包括长江三角洲的苏州、无锡、常州、南通和杭州、嘉兴、湖州、宁波等城市，以后再根据需要逐步扩大。

划入长三角经济区内的各个城市为之一震，仅仅过了两个月，上海经济区规划办公室就成立了，确立了上海作为整个经济区的中心地位。上海经济区直属国务院，由国家计划委员会代管，区域范围为：上海市和 10 个郊县；江苏省 4 个市（常州、无锡、苏州和南通）和 18 个县；浙江省 5 个市（杭州、嘉兴、湖州、宁波和绍兴）和 27 个县。1984 年 12 月，国务院决定上海经济区的范围扩大为上海、江苏、浙江、安徽、江西四省和一直辖市。扩大后的上海经济区拥有人口近 2 亿，面积达 52 万平方公里，成为我国经济最发达、实力最雄厚的地区，当时工农业总产值和国民收入均占全国的 1/4 以上。[①] 短短两年，长三角经济区所取得的经济效应大大超出了设想人的最初预期，于是在 1985 年 2 月，中央、国务院批转的《长江、珠江三角洲和闽南厦漳泉三角地区座谈会纪要》中："应该开放珠江三角洲和长江三角洲，进而陆续开放辽东半岛、胶东半岛，北起大连港，南至北海市，构成一个对外开放的经济地带。"正式将长江三角洲辟为经济开放区，以期发挥更大的效用。在此背景下，长三角经济区再次扩容：1987年纳入福建，最终范围拓展到除山东以外的整个华东地区。

自 1984—1988 年，上海经济区轮流在各个省份召开一次高层会议，先后制定了《上海经济区发展战略纲要》（简称《纲要》）和《上海经济区章程》。在《纲要》中明确提出："建立上海经济区，是我国经济体制改革的一项重要探索。旨在充分发挥中心城市的中心作用，打破经济体制的僵化模式，逐步建立起具有中国特色的社会主义区域经济新体制。"在具体做法上，提出了"丁"字形概念："把经济区沿江沿海的'丁'字形黄金地段，逐步发展为我国经济最发达的经济带和港口城市群。上海和长三角

① 陈维，胡琦. 长三角区域一体化进程中的上海发展 [EB/OL]. https://www.lawxp.com/statutes/s19992.html. [访问时间：2005-5-16].

的工业，主要向高、新、精、尖发展，向技术密集型和知识密集型发展。"总之，为数不多的几次会议对上海及长三角的目标定位确立了大致的方向，也"起到了较为明显的区域协调作用，促进了各省市之间的交流和经济往来，带动一批企业横向联系，区域间经济要素渐渐往市场要素方向发展"。① 另外，上海经济区规划办做的大量研究、策划和协调工作，为以后的区域经济发展积累了宝贵的操作经验。

除了政府层面的积极劲头，民间的热情更加高涨。富有时代特色的"星期六工程师"就是一个最好的例证。"这个称呼起源于 20 世纪 80 年代的'长三角'和'珠三角'等研发机构和民营企业集中的地区。当时，掌握先进技术的科学家和专业工程师大多就职于大型国有企业或者研究院，随着非国有经济的兴起，许多民营企业对科技人才也有了很大的需求。"② 于是在国企捧着铁饭碗的工程师们，每逢周末就到外地挣外快，当时的苏、锡、常地区就占尽了上海"星期六工程师"的便宜，成为上海智力及技术技能资源的强辐射区。当时的上海广播电台有一档《城乡经济》节目，在节目中陆续播送上海乡镇企业需要哪些专业人才，并介绍上海各系统的科技人才、技术工人的技术特点，可以说，从某种程度上起到了中介的作用。1988 年第 16 期《瞭望》称，当时上海的"星期六工程师"在鼎盛时期大约有两万余人。然而，囿于当时的社会环境和人才流动体制，他们在乡镇企业的"兼职"行为，基本都是"秘密地下活动"，有人甚至因此遭遇牢狱之灾。这是强大、笨重的行政力量拖住了人们强烈的经济诉求的典型案例，可以说，它也从一个侧面预示了尾大不掉的长三角经济区堪忧的前途。

1988 年 6 月 1 日，国家计委发出通知，撤销上海经济区规划办公室，宣告了上海经济区的试点以"流产"告终。对于这一突如其来的撤销通知，一般的解释是，当时国务院正在进行机构改革，要裁减一批机构。③

① 姜卫红. 世界第六大城市群——长江三角洲城市群崛起之路 [M]. 上海：上海社会科学院出版社，2010.

② "星期六工程师"的启示 [EB/OL]. http://finance.sina.com.cn/20080616/19034987331.shtml. [访问时间：2008 - 6 - 16].

③ 陈维，胡琦. 长三角区域一体化进程中的上海发展 [EB/OL]. https://www.lawxp.com/statutes/s19992.html. [访问时间：2005 - 5 - 16].

然而，因思想观念上的保守犹豫、经济状况上的巨大差异、地方利益上的难以调和，以及政府间的经济干预与保护主义政策，才是导致长三角经济区难以维系的关键因素。"在当时的长三角经济圈中，经济落后集中体现在江西、安徽两省，地区经济发展程度相差太大，利益分配上必然产生难以协调的矛盾。"① 可见，在"计划与市场双轨制"条件下，以政策与规划为导向的长三角经济区，因不能打破不同地区各自为政的局面，终究无法平衡经济利益与行政利益的取舍难题。

## 二、"长三角大都市圈"口号

古语云：善弈者谋势，不善弈者谋子。20 世纪 80 年代长三角经济区的"流产伤痛"，告诉世人，长三角的共生共荣需要从战略上给予"每一颗棋子"充分的重视，"发现浦东"对于长三角的意义正如一颗"破眼"之棋。

1986 年 4 月，江泽民在担任上海市市长的第二年，敏锐地发现了浦东对于上海的重要意义，于是提出开发浦东的想法，并向中央上报了《上海市城市规划方案汇报的提纲》。在得到了党中央的支持后，上海有关方面加快了浦东开发开放的可行性研究。1990 年年初，时任上海市委书记的朱镕基也向邓小平提出了开发浦东的战略设想，得到了高度的重视和支持。当年 3 月初，邓小平就提出："机会要抓住，决策要及时，要研究一下哪些地方条件更好，可以更广大地开源。比如抓上海，就算一个大措施。上海是我们的王牌，把上海搞起来是一条捷径。"在邓小平的推动下，1990 年 4 月 18 日，中共中央、国务院作出开发开放上海浦东的重大决策。事实上，浦东的开放、上海的发展，乃至长三角今后的上扬走势，都离不开主政过上海的领导人的一腔热情。历任浙江、上海两地领导的习近平，对推动长三角的交流与合作起到了至关重要的作用。2003 年"两会"结束后，还是浙江省委书记的习近平就率领浙江省党政代表团 60 余人赶赴上海，与上海签署了《关于进一步推进沪浙经济合作与发展的协议书》，然后又抵达南

---

① 刘志菲，张勋．长三角 20 年沉浮史［J］．中国投资，2003（7）．

京，与江苏签署了《进一步加强经济技术交流与合作协议》。习近平将江、浙、沪进行"捆绑"发展的思路，不仅出于政策的指导，更缘于三地长期以来相同的利益诉求的需要，于是 2007 年他出任上海市委书记时，有人预言："两地的沟通将借习的人脉优势，变得更加畅通。"① 不仅如此，事实也证明，几位领导人对上海开发开放的统一意见也是长三角区域政策得以延续的一大保障。

浦东的开发开放，是上海带领长三角再一次出征的号角。1992 年 10 月 12 日，江泽民在《加快改革开放和现代化建设步伐，夺取有中国特色社会主义事业的更大胜利》报告中明确指出：要"以上海浦东开发开放为龙头，进一步开放长江沿岸城市，尽快把上海建成国际经济、金融、贸易中心之一，带动长江三角洲和整个长江流域地区经济的新飞跃。"② 自此以后，"接轨上海"成为华东乃至全国各个渴望经济腾飞的城市的集体意识。恰逢其时，西方城市群理论的普及为敢为人先的上海提供了理论依据。政策的推动，理论的支撑，使得上海最先提出了"推动长三角大都市圈发展"的构想，从而使长三角由经济区概念演化为城市群概念。

刘士林认为，当今世界发展的主流趋势是城市群战略，城市群的目标是建设一个内有合理层级体系、外有整体竞争优势的城市共同体，在具体内容上涉及城市的环境、政策、交通、基础设施、人口、社会、文化等方面的一体化发展，远比经济区的概念要全面和丰富。③ 在城市化发展到一定阶段之后，以上海为中心，苏杭为次级中心的长三角大都市圈就成型了。

长三角各城市作为城市群的首次合作始于 1992 年 6 月在北京召开的"长江三角洲及长江沿江地区经济规划座谈会"。在这个会议上推出的长江三角洲协作办（委）主任联席会议，成为 1996 年长江三角洲城市经济协调会的前身。长三角城市群成员限定为：上海、杭州、宁波、湖州、嘉兴、绍兴、舟山、南京、镇江、扬州、泰州、常州、无锡、苏州、南通。在以

---

① 习近平调任背后：中央曾在上海做广泛调查［EB/OL］. http://news.cctv.com/china/20070329/102089.shtml.［访问时间：2007-3-29］.
② 江泽民. 江泽民文选（第 1 卷）［M］. 北京：人民出版社，2006.
③ 以"城市群"概念取代"经济区"［N］. 光明日报，2011-3-23.

后一段时间内，这个群体只做局部修改和扩充，如：1996 年地级市泰州设置，使长三角城市群扩展到 15 个城市；2003 年 8 月台州市进入长三角，又使长三角城市群发展到 16 个。此后，以"15＋1"城市为主体的长三角框架一直保持稳定，并受到普遍的认可。

为了真正实现城市群的集群效应，1998 年 5 月，作为区域中心城市的上海首当其冲，率先出台著名的"国内合作 24 条"，即《关于进一步服务全国、扩大对内开放的若干政策意见》。之后，杭州、宁波、南京、苏州、扬州、舟山、湖州、南通、常州等城市也相继发布了新的对内开放政策意见。另外，《关于全面实施接轨上海战略的实施意见》《关于进一步接轨上海扩大对内开放的若干意见》等相关文件也在各地频频颁布。

正如戈特曼概括的"大都市圈"五大特征之一："依靠发达的交通枢纽联结起来的城市群"一样，长三角大都市圈的正式起效首先建立在发达的城际交通上。从 1992 年 6 月 14 日正式开工的沪宁高速公路，到 2008 年 1 月 13 日沪苏浙皖高速公路上海段、江苏段工程的通车，首条真正意义上贯穿长三角的高速通道宣告全线贯通。紧随其后的一系列区域合作项目，宣告了长三角城市群从行政集群向产业集群的演进。其中，规模浩大的"3 小时都市圈"工程，无疑是长三角城市群从工业化发展重心向快速城市化转移的标志。

随着长三角经济一体化进程的不断深入，长三角城市间的文化交流与合作也进一步加强，2003 年，"长江三角洲文化合作与发展"论坛在上海举行，标志着长三角区域文化合作与发展迈上了一个新台阶。紧接着，江浙沪文化厅局于 2004 年 1 月在杭州签署了《江浙沪文化市场合作与发展意向书》《长三角区域演出市场合作与发展实施意见》，三地的文化合作开始进入实施阶段。8 月，江浙沪文化厅局长联席会议召开，又签署了《关于加强长三角文化合作的协议》，使三地间的文化合作迈出了实质性步伐，开始从对话性合作向制度性合作推进。

在具体的操作层面，考虑到长三角集中了超过全国 1/3 的高等院校和科研院所，许多长三角的学生因看中上海的教育资源，而就读于上海的各级教育机构。复旦大学、上海交通大学、浙江大学、南京大学四所长三角地区的顶级高校，正在筹划类似美国"常春藤盟校"的"长三角盟校"，以进一步优化教育资源。[①] 同时，在 2003 年 7 月 6 日的"长江三角洲旅游城市 15＋1 高峰论坛"上，16 城市共同签署了《长江三角洲旅游城市合作（杭州）宣言》，明确了长三角城市实现旅游合作后，将最大限度地减少"行政区经济"牵引，共打"世界第六大都市群——中国长江三角洲"品牌，在宣传时将统一形象；同时取消区域内国内旅游"地陪"制，实现区域旅游一社通；取消外地旅游车入城、入景区限制措施，推行统一的"市民待遇"政策；允许其他城市旅行社在本市开办分支机构；鼓励旅游产业连锁，建设中国首个无障碍的跨省市旅游特区等。[②]

而被外界认为对长三角一体化具有里程碑意义的一次会议是 2003 年 8 月 15 日—16 日在南京举行的长江三角洲城市市长峰会。在这次会议上，16 个城市的市长联合签署了被称为"南京宣言"的《以承办"世博会"为契机，加快长江三角洲城市联动发展的意见》。此次会议是 1997 年长三角市长峰会举办以来，16 市第一次迈出实质性合作的步伐。由美国学者芒福德提出的区域整体发展理论，即"真正的城市规划必须是区域规划"，让上海彻底放下龙头老大的架子，明白了"一个中心城市的形成，既是各种资源要素集聚的结果，同时又靠服务、辐射及带动周边地区来巩固"[③] 的道理。"南京宣言"还制定了《全面提升长江三角洲城市形象和市民素质活动方案》，促成了新的市民观念"我是长三角人"的兴起。

伴随着城市化进程的不断深入，长三角地区民众的生活也发生了变化。"白天在浦东金茂大厦上班，晚上在苏州金鸡湖边品茶"，[④] 已成为"长三角人"的一种生活方式。甚至，"上海每年至少有三分之一的演出和展览门票被江浙人包揽。在杭州的大街上，'沪'字牌照的汽车特别多。公交车上，酒店里，侧耳到处可以听见'阿拉'的声音。杭州市政府早已取消西湖门票，还推出了针对杭州市民和上海市民的杭州公园 IC 卡，让上海市民也能享受到'同城待遇'"。[⑤] 从产业合作转向人才、教育、文化、

---

① 长三角同城效应：一小时生活圈与三小时经济圈［EB/OL］. http：//news. sohu. com/94/32/news213633294. shtml.［访问时间：2003－9－25］.

② 黄胜平，张鹏，杜亮. 论吴越文化的相容性与长三角一体化的必然性［C］. 2010 中国（无锡）吴文化国际研讨会论文集，2010－2－22.

③ 鲁宁. 取江浙之经 创上海之新［N］. 东方早报，2007－7－30.

④ 速度改变时空观念 长三角居民感受"同城效应"［N］. 新华日报，2007－12－13.

⑤ "长三角人"的新生活时态［N］. 解放日报，2007－9－07.

旅游等各领域的交流，使长三角各城市领导者真正从观念上摆脱传统小农思想——以邻为壑、小富即安——的陋习，也真正意识到了"中国城市的发展模式与目标越来越集中在城市化等软实力与软环境上"。①

自党的十六届四中全会提出构建和谐社会以来，越来越多的目光聚焦到了城市软实力上，包括城市吸引力、文化感召力、市民幸福感等一系列新名词成为考察政府政绩的新指标。"把'幸福感'作为衡量一个地方社会和谐与否的一个重要指标，已摆上多数地方政府官员的议事日程。"② 在新华社《瞭望东方周刊》连续四年的"最具幸福感城市排名"中，"杭州"年年位列榜首，宁波连续 3 年上榜，台州、上海、南京、绍兴、无锡等地都见诸过榜单，长三角大都市圈发挥出了比任何其他城市群更强的城市吸引力。当然，这一方面源于长三角大都市圈所显现出的强劲的经济增长实力，但另一方面，也和长三角城市长期浸润江南文化，在面对物质急速扩张时，"有一种最大限度地超越儒家实用理性、代表着生命最高理想的审美自由精神"③ 有关。"独此一家"的"内在资源"是长三角大都市圈能在高速的城市化进程中始终关注社会建设、文化建设的内在原因。

## 三、"泛长三角"时代

早在《中华人民共和国国民经济和社会发展"九五"计划和二〇一〇年远景目标纲要》中就有这样一段对长三角的定位："长江三角洲及沿江地区，发挥通江达海以及农业发达、工业基础雄厚、技术水平较高的优势，以浦东开放开发、三峡建设为契机，依托沿江大中城市，逐步形成一条横贯东西、连接南北的综合型经济带。"这样的表述无疑暗示了长三角对于整个中国的经济发展的轴心作用，也预示着长三角的大门不可能紧闭。转折发生在 2007 年，当年 4 月，建设部发布了《长三角城镇群体系建设规划》，纳入了温州、盐城、连云港、芜湖、马鞍山、合肥、铜陵 7 个一

---

① 刘士林. 2007 中国都市化进程报告 [M]. 上海：上海人民出版社，2008.
② 幸福指数是把和谐尺 拿百姓幸福感量量官员政绩 [EB/OL]. http：//www.ce.cn/. [访问时间：2006－8－17].
③ 刘士林. 在江南发现诗性文化 [N]. 解放日报，2006－2－27.

直徘徊在长三角协调会门外的城市。5月15日，国务院总理温家宝在上海主持召开长三角地区经济社会发展座谈会，指出："要进一步解放思想，推进改革开放，充分发挥区域优势，促进长江三角洲地区实现率先发展、科学发展，增强综合实力、创新能力、可持续发展和国际竞争力。"与此同时，沪苏浙"十一五"发展规划都不约而同地列入了促进长三角发展的内容。可见，国家层面与省市层面对长三角发展给予了前所未有的重视，打造世界第六大都市圈成了中央及长三角共同的目标，而长三角的扩容是满足各方愿望的最好方式。

2008年初，胡锦涛在安徽考察时，要求安徽"积极参与泛长三角区域发展分工，主动承接沿海地区产业转移，不断加强同兄弟省份的横向经济联合和协作"。这是第一次从国家区域发展的高度提出的"泛长三角"概念。而此时此刻，世界金融危机已然影响了中国经济。据调查，2008年上半年，东部沿海地区自改革开放以来经济增长速度首次慢于西部、东北和中部地区。[①] 长三角周边的安徽、江西、福建乃至台湾等省份都在质疑：原本的长三角"15＋1"模式在"以城市群为重心的泛化过程中"是否已陷入瓶颈？而如果拒绝"泛化"，那么长三角地区，特别是上海高度的城市化水平能否离开周边区域的补给？

实际上，自2004年起，安徽合肥、滁州、芜湖和马鞍山，浙江金华和衢州，江苏盐城、淮安、徐州和连云港等十余个周边城市就陆续提出申请，要求成为长三角的一员，但被一一拒之门外。长三角"入会热"的背后，有着深刻的体制原因。在当前的项目审批制条件下，成为长三角这一重点经济区的一员，就意味着能够获得更多机会。因此，各种行政利益、经济利益的驱动导致长三角扩容之势似乎不可阻挡。于是，2008年9月16日国务院发布了《关于进一步推进长江三角洲地区改革开放和经济社会发展的指导意见》（简称《指导意见》），首次在国家战略层面上将长三角区域范围界定为苏、浙、沪两省一市内的26个市，主要是加进了苏北的徐州、淮阴、连云港、宿迁、盐城和浙西南的金华、温州、丽水、衢州。[②]

---

① 姜卫红．世界第六大城市群——长江三角洲城市群崛起之路［M］．上海：上海社会科学院出版社，2010．

② 徐益平．26城市"引擎"轰鸣"大长三角号"强力启程［N］．东方早报，2008-11-12．

　　《指导意见》首先指出要"把长江三角洲地区建设成为亚太地区重要的国际门户、全球重要的先进制造业基地、具有较强国际竞争力的世界级城市群"，根据这一"总体要求"，确立了"加快发展现代服务业，努力形成以服务业为主的产业结构；全面推进工业结构优化升级，努力建设国际先进制造业基地；统筹城乡发展，扎实推进社会主义新农村建设；大力推进自主创新，加速建成创新型区域；走新型城市化道路，培育具有较强国际竞争力的世界级城市群；积极推进重大基础设施一体化建设，增强区域发展的支撑能力；推进资源节约型和环境友好型社会建设，全面提高可持续发展能力；加强文化建设和社会事业建设，促进经济社会协调发展；着力推进改革攻坚，率先建立完善的社会主义市场经济体制；健全开放型经济体系，全面提升对外开放水平；加强组织协调，全面落实各项任务"等一系列具体目标，工作的重点不在辐射，而在协调。这一方面是对80年代"长三角经济区"历史教训的深刻领悟；另一方面也是遵循了明清时期环太湖流域核心城市经济发展的历史规律。但是"泛长三角"的口号一出，安徽、江西、福建甚至台湾要加入长三角的报道开始不绝于耳，学界也一片鼎沸，"利多""利空"的博弈此消彼长，"大长三角""泛长三角"的呼声铺天盖地。

　　一方面，《指导意见》从国家战略的高度提及了"泛长三角"："积极推进泛长江三角洲区域合作，要进一步加强与中西部地区经济协作和技术、人才合作，带动和帮助中西部地区发展。"随着2010年10月26日沪杭高速铁路的正式运营，这个从上海至杭州最快45分钟的高铁"公交化"的铁路，显示长江三角洲"一小时城市圈"时代的来临。[①] 而高铁时代的来临，大城市与二三级城市之间"同城化"趋势将更加明显，民众购物、休闲、置业将会有更多选择。并且随着区域间的要素流动和产业转移的运输成本进一步递减，"异地联办"等新型模式为急于加入"长三角"的中西部城市也打开了一扇窗户。但是长三角毕竟是市场经济长期发展的结果，而不是行政指令或行政协调的产物。这一切并不说明"泛长三角"已

―――――――――
　　① 沪杭高铁今起运营 最快铁路重塑长三角城市圈 [EB/OL]. http：//news. sohu. com/20101026/n276439163. shtml. [访问时间：2010-10-26].

经真正成熟，产业转移所要付出的政策及环境代价是否已经做好了充分预计，沪、苏、浙与皖、赣、闽之间的经济水平差异会否再一次导致"流产"历史的重演，都是个未知数。

另一方面，"如果把长三角协调会弄得像泛珠三角那样，覆盖半个中国，实际上这么大的区域，讲协调合作就很难了。有时候，过于泛化的联盟其实是相当于没有联盟"。① 事实上，原16城市在观念上还未做好这种转变，"在目前的实际状况下，长三角每一个地区，为了自己的事，都会全力以赴，没有机遇也会争取创造机遇，但如果这件事对区域整体有利却对自己利益不是最大，甚至可能没利，就会不起劲，或是口号响亮、行动迟缓。而这正是泛长三角构建过程中，合作机制准备不足的表现之一"。② 原先的长三角大都市圈是建立在文化底蕴相似、民风民俗接近的江南文化圈之上的，共同的祖籍、熟悉的语言，令穿梭于江浙沪三地的人在心理上、情感上都愿意为长三角的共同繁荣而努力。但是泛化了的长三角，因为缺乏相同的深层心理结构与文化传统，很难在行为上、思想上真正统一起来，这就是泛长三角需要慎行的文化因素。

因此，泛长三角的真正成熟还需时日，表面祥和热闹的合作、交流，大多在上海与区域副中心城市，如杭州、苏州、南京等地之间进行，而在后加入的二三线城市之间却鲜有发生，区域发展不平衡状况依然严重。另外，虽然长三角区域再次扩容，但是国家出台的区域发展意见更加集中于核心城市，如2009年4月24日，国务院批复上海市《关于撤销南汇区建制将原南汇区行政区域划入浦东新区的请示》，同意撤销上海市南汇区，将其行政区域并入上海市浦东新区。行政区划调整后的"大浦东"，使得土地、政策、资金、竞争等诸多掣肘迎刃而解，如上海国际金融和航运中心建设、迪斯尼项目等将能通盘考虑，也可以说，这是长三角区域一体化的微缩版体现。紧接着2009年4月29日，国务院发布《关于推进上海加快发展现代服务业和先进制造业建设国际金融中心和国际航运中心的意见》，又对上海区域经济发展进行直接政策指导；7月4日的《上海市人民

① "泛长三角"规划将慎行 [J]. 瞭望东方周刊，2006 (4).
② 解读泛长三角时代 [EB/OL]. http://news.sina.com.cn/c/2008-04-23/134215414243.shtml. [访问时间：2009-4-25].

政府贯彻国务院关于进一步推进长江三角洲地区改革开放和经济社会发展指导意见的实施意见》是对上海在推进长三角地区改革开放和经济社会发展中具体事务的细化体现。在 2010 年 5 月国务院批准实施的《长江三角洲地区区域规划》中，又明确提出要"提升上海核心地位，进一步强化上海国际大都市的综合服务功能，充分发挥服务全国、联系亚太、面向世界的作用，建成具有国际影响力和竞争力的大都市"。一系列举措都显示出国家在制定泛长三角计划时所考虑到的一个关键要素：只有真正强大的首位城市，才能带动更大的区域发展。

## 第二节　长三角区域文化政策演变过程

相对于"长三角城市群"的行政生命，长三角文化有着更为悠久的前世，"历史上的长三角文化有'吴文化'、'江南文化'、'海派文化'三个历史阶段……'海派文化'是中国进入近现代以来文化的一种典范形式，也是中西文化交流和中华文化对外产生巨大影响的开端"。[①] 对于长三角区域文化政策的分析研究有助于更好地理解在改革开放以来，以上海为主要核心区域的"海派文化"城市精神对于长三角区域文化的促进作用，也可对长三角区域文化在长三角整体发展进程中所起的作用有一个直观的感受。

### 一、长三角区域文化理论研究历史梳理

理论研究中我们发现，区域与城市文化政策的制定者或者说出台者有相当一部分署名为研究机构。事实上，无论是政府部门或是研究团队设计、制定的文化政策，都是基于一定的理论研究基础之上的。因此，对理论研究本身做一个历史梳理，通过对理论研究情况的分析，真实地反映理论研究者及社会媒体对长三角区域文化发展的关注视角，并在此基础上对

---

① 陈尧明，苏迅．长三角文化的累积与裂变：吴文华—江南文化—海派文 [J]．江南论坛，2006（5）．

照相关政策的出台情况，来分析理论研究与政策制定之间的相互关系是有较大现实意义的。

　　鉴于时间与精力有限，本次研究仅选择已被中国知网或万方数据库收录的研究性文献。为便于研究，笔者以"长三角""文化"与"政策/规划"为主题词进行检索，截至2013年底，共搜索到232条记录，逐条筛选，剔除了关系度不大的信息后，共有34篇文章直接讨论长三角区域间文化合作的有关政策与理论研究，分年情况如表5-1、表5-2、表5-3所示：

表5-1　长三角区域文化政策研究文献历年数量

| 年份 | 2003 | 2004 | 2005 | 2006 | 2007 | 2008 | 2009 | 2010 | 2011 | 2012 | 2013 |
|---|---|---|---|---|---|---|---|---|---|---|---|
| 文章数 | 2 | 1 | 1 | 1 | 2 | 2 | 5 | 4 | 6 | 5 | 5 |

表5-2　长三角区域文化政策研究文献一览表

| 年度 | 序号 | 文　献 | 出　处 |
|---|---|---|---|
| 2003 | 1 | 常敏毅：《旅游文化与长三角实现大对接》 | 《宁波经济（财经视点）》2003年第2期 |
| | 2 | 《沪杭将以"双城协议"实现"无缝链接"》 | 《领导决策信息》2003年第32期 |
| 2004 | 1 | 冯学钢：《欧盟一体化及其对中国"长三角"地区旅游业联动发展的启示》 | 《世界经济研究》2004年第4期 |
| 2005 | 1 | 朱光亚、张轶群：《残存的历史信息：长三角的地下与地表文化资源》 | 《上海城市管理职业技术学院学报》2005年第1期 |
| 2006 | 1 | 张殿发、杨晓平、童亿勤：《长江三角洲旅游经济一体化浅析》 | 《地理科学进展》2006年第2期 |
| 2007 | 1 | 周蜀秦、徐琴：《长三角地区创意产业发展的条件与路径》 | 《现代经济探讨》2007年第6期 |
| | 2 | 崔功豪等：《聚焦长三角　畅话新发展》 | 《上海城市规划》2007年第5期 |
| 2008 | 1 | 解学芳：《文化产业政策的比较机理研究——以长江三角洲地区为例》 | 《上海行政学院学报》2008年第5期 |
| | 2 | 窦淑慧：《长三角体育旅游资源开发现状分析与一体化策略研究》 | 苏州大学2008年硕士学位论文 |

| 年度 | 序号 | 文　　献 | 出　　处 |
|---|---|---|---|
| 2009 | 1 | 李阳长：《三角区域文化产业协调发展对策研究——基于欧盟文化产业一体化发展的经验考察》 | 《经济论坛》2009 年第 15 期 |
| | 2 | 吕方：《长三角区域产业升级转型中的文化发展战略》 | 《南通大学学报（社会科学版）》2009 年第 6 期 |
| | 3 | 王润：《"长三角"城市一体化背景下休闲旅游发展趋势研究——乡村旅游发展模式探讨》 | 《和田师范专科学校学报》2009 年第 4 期 |
| | 4 | 陈兵：《论长三角文化创意产业的一体化发展》 | 《经济论坛》2009 年第 5 期 |
| | 5 | 冯根尧：《长三角文化创意产业一体化发展：浙江的选择与实现》 | 《浙江树人大学学报（人文社会科学版）》2009 年第 3 期 |
| 2010 | 1 | 施永红：《产业融合理论视角下长三角文化产业发展研究》 | 上海师范大学 2010 年硕士学位论文 |
| | 2 | 汪如钢：《长三角地区城市规划对现代经济发展的影响》 | 《生态经济》2010 年第 8 期 |
| | 3 | 林章林：《区域旅游合作背景中的旅游标准化研究》 | 上海师范大学 2010 年硕士学位论文 |
| | 4 | 王婧：《长三角文化产业集群发展的协调战略研究》 | 上海交通大学 2010 博士后报告 |
| 2011 | 1 | 史征：《长三角城市群文化创意产业集聚合作发展的有效路径研究：以沪、宁、杭三地文化创意产业园区为视角》 | 《兰州学刊》2011 年第 2 期 |
| | 2 | 陈栋贤，谷晓晖，顾红：《"长三角"中小城市广告产业发展透视——以苏州市广告业为例》 | 《传媒》2011 年第 2 期 |
| | 3 | 康保苓：《长三角构建国际文化创意城市群的策略研究》 | 《经济论坛》2011 年第 4 期 |
| | 4 | 张新星：《长三角地区创意产业集聚研究》 | 南京师范大学 2011 年硕士学位论文 |

续表

| 年度 | 序号 | 文　献 | 出　处 |
|---|---|---|---|
| 2011 | 5 | 徐正旭、秦纪强:《长三角一体化下的皖江城市带体育旅游产业发展战略研究》 | 《南京体育学院学报(自然科学版)》2011年第2期 |
| | 6 | 王婧:《长三角文化产业集群的演化机理分析》 | 《中国文化产业评论》2011年第1期 |
| 2012 | 1 | 鲁怡君:《长江三角洲地区地方艺术节现象及政策研究》 | 中国音乐学院2012年硕士学位论文 |
| | 2 | 夏芬芬:《长三角地区文化创意产业关联效应实证分析》 | 华东理工大学2012年硕士学位论文 |
| | 3 | 杨凤权、颜月乔:《试论长三角城市体育产业的"链接"方式》 | 《才智》2012年第36期 |
| | 4 | 宋增文、王茜:《三大都市圈旅游产业结构-行为-绩效研究》 | 《中国地理学会2012年学术年会学术论文摘要集》 |
| | 5 | 窦丽娟:《"长三角"16城市体育产业现状及对策研究》 | 苏州大学2012硕士学位论文 |
| 2013 | 1 | 倪登峰:《我国"长三角"地区文化产业管理模式及其绩效评估》 | 上海师范大学2013硕士学位论文 |
| | 2 | 朱恒夫:《论长江三角洲地区作为文艺的非物质文化遗产的特色与保护传承方略》 | 《浙江艺术职业学院学报》2013年第3期 |
| | 3 | 李阳、臧新、薛漫天:《经济资源、文化制度与对外直接投资的区位选择——基于江苏省面板数据的实证研究》 | 《国际贸易问题》2013年第4期 |
| | 4 | 杨国华:《论长三角地区文化创意产业集群竞争力的提升》 | 《中国浦东干部学院学报》2013年第1期 |
| | 5 | 朱一鸣:《欧盟旅游业一体化发展模式对我国长三角地区的启示》 | 《对外经贸》2013年第4期 |

表5-3　长三角区域文化政策历年研究热点

| 年度 | 研　究　热　点 |
|---|---|
| 2003 | 单个城市的旅游文化与长三角旅游市场的对接 |
| 2004 | "长三角"地区旅游业联动发展 |
| 2005 | 长三角的地下与地表文化资源 |

| 年度 | 研　究　热　点 |
|---|---|
| 2006 | 长三角旅游经济一体化 |
| 2007 | 长三角历史传承、长三角创意产业发展 |
| 2008 | 长三角地区的文化产业政策对文化产业发展的影响、长三角地区体育旅游的发展现状 |
| 2009 | 长三角文化发展战略、长三角文化产业发展、长三角文化创意产业一体化发展、长三角休闲旅游发展 |
| 2010 | 长三角文化产业发展、长三角旅游合作、长三角文化产业集群发展、长三角区域文化在长三角区域创新系统中的地位和作用 |
| 2011 | 长三角文化创意产业集聚合作、长三角地区创意产业集聚研究、体育旅游产业发展、长三角中小城市广告产业发展、长三角构建国际文化创意城市群的策略 |
| 2012 | 长三角地方艺术节现象及政策研究、文化创意产业关联效应实证分析、城市体育产业、旅游产业 |
| 2013 | 长三角文化制度、文化创意产业集群竞争力、文化产业管理模式及其绩效评估、非物质文化遗产的特色与保护传承、长三角地区旅游一体化 |

　　由表 5-1、表 5-2、表 5-3 可知，自 2003 年起，学术界才开始关注长三角的文化政策问题，但是大多只是关注旅游文化合作方面的政策研究；从 2007 年开始进入创意产业方面的讨论并直接引领后面几年对于文化产业的广泛关注。研究文献的数量在 2008 年之后发生了较大变化，这与当年《关于进一步推进长江三角洲地区改革开放和经济社会发展的指导意见》不无关系。由于该文件首次在国家战略层面上将长三角区域范围做出明确界定，对推动长三角区域合作产生了巨大影响，引起了学界的注意。纵观这几年的研究方向，我们发现已有的长三角区域文化政策研究，主要侧重于文化产业政策、创意园区、旅游一体化，体育文化等方面，很少涉及文化创作、文化节庆、传媒业、非物质文化遗产保护等方面的合作政策研究。这一情况事实上也与外国学者的认识相似："在近期的调查中发现，大都市的文化政策表现出一种难以察觉的对弘扬文化模式的偏见，倾向继承模式，将旅游的大众和参观艺术展览的来宾变成战略产业选择的裁决者。对博物馆藏品修补的讨论要多于一首新乐曲的谱写，对参观古老艺术展览的来宾的统计轻描淡写，过分强调商业盈利的得失，同时对当代的视觉艺术展品很少关注。……

不再强调涉及保护、升值、继承、复原、保护和享用文化遗产；而是将最大限度的注意力和扶持手段适用于能创造艺术品价值的文化产业和产业链中。这种转变使文化产业与地域成为主动参与者。"①

## 二、长三角区域文化政策演变进程

对长三角文化发展方面的政策指导，至今尚无完整而系统性的文件，但在 1982 年"长三角经济区"提法出现不久之后就开始了针对长三角旅游业的指导性意见的研制，且直到上海世博会召开之前，旅游文化一直是政府部门对于长三角在区域文化合作方面的最为关注的内容，这与学术界对此的热衷研究直接呈正相关关系。

2008 年《国务院关于进一步推进长江三角洲地区改革开放和经济社会发展的指导意见》，大大丰富了文化政策的内容，也是在那之后，学术理论研究开始拓展思路，不断向文化政策的其他领域深入，在政策酝酿与出台时，进行一次次的实证研究与理论先行，为长三角文化政策的完善起到了推动作用。

表 5 - 4　长三角区域文化政策主要内容

| 文件名称（发布时间） | 区域文化政策主要内容 |
| --- | --- |
| 《长江、珠江三角洲和闽南厦漳泉三角地区座谈会纪要》（1985 年 6 月 5 日财政部）② | 把鲜活商品、加工食品、轻纺产品的出口搞上去，同时又努力发展机械、电子等其他工业品的出口和旅游等服务行业，出口创汇问题就会有所突破，对外经济技术合作就可以在更广阔的领域里得到发展 |
| 《上海经济区发展战略纲要》（1985 年 11 月 20 日上海经济区发展战略课题组③） | 发展旅游业的横向联系，逐步组成经济区的旅游经济联合体，有计划有步骤地建设旅游交通，组织旅游商品生产，大力开发旅游资源。要逐步形成以杭州为中心的，以两山（庐山、黄山）、两湖（太湖、西湖）、苏州为主体的联结大小数十个名胜古迹点的旅游网络，为宣传社会主义中国文明，为介绍东方古国文化，为发展国际交往，为增加国家外汇收入，作出应有的贡献 |

---

① ［意］沃尔特·桑塔加塔. 历史名城管理的文化模式刍论［J］. 中国名城，2009（2）.
② 2008 年中华人民共和国中央人民政府国务院公报。
③ 上海经济区发展战略课题组. 上海经济区发展战略纲要［J］. 浙江经济，1985（Z2）.

续表

| 文件名称（发布时间） | 区域文化政策主要内容 |
|---|---|
| 《长江三角洲旅游城市合作（杭州）宣言》（2003年7月5日长江三角洲旅游城市"15+1"高峰论坛）① | （1）加强长江三角洲旅游城市的区域合作，共商非典后时期区域旅游业振兴之大计<br>（2）深化合作内容，拓展合作方式，共同打造长三角旅游经济圈<br>（3）积极推进跨区域规划，整合长三角旅游资源<br>（4）加强旅游信息交流，构筑统一的旅游信息平台<br>（5）长三角旅游城市论坛制度化 |
| 《关于以筹办"世博会"为契机，加快长江三角洲城市联动发展的意见》（2003年8月15日长三角城市经济协调会）② | 共建旅游共同市场，区域旅游资源互补<br>联合宣传"世博会"，进一步扩大"世博会"影响。共同制定《全面提升长江三角洲城市形象和市民素质活动方案》并在各城市实施。广泛开展以"举办'世博会'，我们是主人"为主题的各类活动，推广普通话，开展常用交际英语教育，展示长江三角洲城市的文明风貌 |
| 《国务院关于进一步推进长江三角洲地区改革开放和经济社会发展的指导意见》（2008年9月7日） | 积极发展面向民生的服务业：大力发展旅游业，进一步拓展市场、整合资源，建设世界一流水平的旅游目的地体系。加快发展广播影视、新闻出版、邮政、电信、文化、体育和休闲娱乐等服务业。积极扶持电子书刊、网络出版、数字图书馆、网络游戏、电影特技制作、数字艺术设计、数字媒体、虚拟展示等新兴数字创意产业发展<br>切实加强社会文化建设：运用生动活泼、寓教于乐的形式，广泛开展社会主义核心价值体系宣传普及活动，大力弘扬爱国主义、集体主义、社会主义思想，为和谐社会建设注入精神动力。切实加强社会公德、职业道德、家庭美德和个人品德建设，形成文明健康的社会风尚。建立区域文化联动发展协作机制，制定区域文化发展规划。不断深化文化体制改革，着力推进文化创新，加快文化产业基地和区域性特色文化产业群建设。建立完善覆盖城乡的公共文化服务体系，重视城乡区域文化协调发展，着力丰富农村、相对落后地区和进城务工人员的精神文化生活。加强网络文化建设与管理，营造良好网络环境。加强中华优秀文化传统教育，认真做好文物和非物质文化遗产保护，不断扩大对外文化交流 |
| 《长江三角洲地区区域规划》（2010年5月24日国务院） | 提升公民文明素质：广泛开展社会主义核心价值体系宣传普及活动和群众性精神文明创建活动，大力弘扬爱国主义、集体主义、社会主义思想。建设学习型社会，全面提升公民文化水平。以增强诚信意识为重点，进一步加强社会公 |

①　苏浙沪联铸旅游 金三角15+1城市签署合作宣言 [EB/OL]. http://www. hangzhou. gov. cn. [访问时间：2004-12-7].

②　"世博经济"推动"长三角"城市联动 [N]. 浙江日报，2003-8-17.

| 文件名称（发布时间） | 区域文化政策主要内容 |
|---|---|
| 《长江三角洲地区区域规划》（2010年5月24日国务院） | 德、职业道德、家庭美德和个人品德建设，形成文明健康的社会风尚<br>积极发展文化事业：切实增加公益性文化事业投入，在大中城市建设一批功能实用、标准较高、覆盖面广的文化基础设施。加强社区和乡村文化设施建设，重点实施乡镇文化站等基础文化设施覆盖工程。推进全国文化信息资源共享工程基层服务点建设。加强文化遗产保护与传承，保护历史文化名城、街区、村镇、重要文物和非物质文化遗产，进一步扩大对外文化交流。积极发展体育事业，加快构建全民健身服务体系。到2015年，率先建成覆盖城乡的公共文化服务体系<br>大力发展文化产业：加快文化产业基地和区域性特色文化产业群建设，扶持一批发展潜力大、市场前景好的文化产业，建设一批实力雄厚、具有较强竞争力和影响力的文化企业集团，提高文化产业规模化、集约化和专业化水平。深化文化体制改革，放宽市场准入条件，推进文化创新，实施高端文化人才引进工程，激励优秀文化产品创作，形成积极向上、特色鲜明、结构优化、科技含量高的文化产业体系。加强文化市场综合执法能力建设。到2015年，文化产业增加值占地区生产总值的4%以上 |

　　显而易见的一个特点是，长三角区域发展目标从未脱离经济发展目标，这是由我国经济社会发展主线"以经济建设为中心"决定的。自"2003年伦敦市长发表'城市文化战略'的演讲，旨在维护和增强伦敦作为'世界卓越的、创意的文化中心'，成为'世界级的文化城市'，并投入巨资兴建新的文化设施"① 之后，"一个文化稀薄的城市必定是危机四伏的城市，而一个繁荣的城市必定有着积极健康的城市文化。今天推进和谐城市的发展，应该在更高的层次上对城市精神进行新的归纳，使其既具有城市文化的本质特征，又符合现代社会发展的要求。城市文化的力量正取代单纯的物质生产和技术进步而日益占据城市发展的主流。保留自己的文化，城市才有自信。同时，要赋予过去以全新的生命，才是城市发展的必然规律"② 成为越来越普遍的共识。因此，随着"2005年前后，'国际化大

① 吴良镛.总结历史，力解困境，再创辉煌［M］.北京：北京图书馆出版社，2005.
② 单霁翔.从"功能城市"走向"文化城市"发展路径辨析［J］.文艺研究，2007（3）.

都市'的城市定位与战略逐渐退居二线，文化城市成为众多城市的战略发展目标"。[1] 长三角区域文化政策的密集出台也是在那一个时期得到了媒体与舆论的广泛关注。因此可见，长三角的文化政策研究与文化政策出台之间有着高度的时间一致性，理论界对长三角文化发展的关注热情很高，亦很及时高效，这样的研究热度与媒体传播速度，对于政府部门来说更是一种鞭策。由此，才会出现近年来"长三角城市群在人口、经济、社会生活、文化和城市层级体系的发展相对均衡"[2] 的评价。

# 本 章 小 结

当代长三角城市群在内涵上处于持续的变动与建构过程中，特别是在中国现代化转型中，长三角因丰富的政策资源而对其他地区独具导向性作用。长三角经历了"长三角经济区""长三角大都市圈""泛长三角"三个历程变化，地域范围在迂回中一再扩大，其关于文化合作的政策范围也不断丰富，理论研究在此过程中充当着政府部门的智囊团，同时也对政策偏好与宣传方式产生了一定的影响。

---

① 刘新静. 文化城市研究的现状及深化路径 [J]. 上海师范大学学报（哲学社会科学版），2012（6）.

② 首份中国城市群蓝皮书发布 珠三角综合指数第一 [EB/OL]. http://www. chinanews. com/cj/2013/11-19/5522008. shtml. [访问时间：2013-11-19].

# 第六章

# 中原地区区域文化政策
# 实施效果评价

中原历来是兵家必争之地。"中原"的概念在《辞海》中有两种:"一是指平原之地;二指中国,别于边疆而言,古称河南及其附近之地为中原,至东晋南宋亦有统指黄河下游为中原者。"① 《辞源》中将作为地域名的"中原"解释为:"狭义的中原,指今河南一带;广义的中原,指黄河中下游地区或整个黄河流域。"②

在政策范畴内,常用的概念是"中原城市群"与"中原经济区",两者之间的关系见表6-1。

中原有五大古都,分别是郑州、洛阳、开封、安阳和商丘,且都是国家级历史文化名城。历史记载,早在3 600年前,郑州就是商王朝的重要

表6-1 "中原城市群"与"中原经济区"要素比较

| 名　称 | 面　积 | 人　口 | 级　　　别 | 主要政策 |
|---|---|---|---|---|
| 中原城市群 | 约5.87万平方公里(注1) | 3 950万人 | 河南省乃至中部地区承接发达国家及中国东部地区产业转移、西部资源输出的枢纽和核心 | 2006年3月,省政府批准实施《中原城市群总体发展规划纲要》 |

---

① 辞海 [M].北京:光明日报出版社,2012.
② 辞源 [M].北京:商务印书馆,2010.

续表

| 名　称 | 面　积 | 人　口 | 级　别 | 主要政策 |
|--------|--------|--------|--------|----------|
| 中原经济区 | 约28.9万平方公里（注2） | 约1.5亿人 | 全国主体功能区明确的重点开发区域 | 2011年9月28日《国务院关于支持河南省加快建设中原经济区的指导意见》；2012年11月，国务院正式批复《中原经济区规划》 |

注1：主要是指以郑州为中心、洛阳为副中心，包括开封、新乡、焦作、平顶山、许昌、漯河、济源、巩义、新密、禹州、新郑、偃师、荥阳、登封、舞钢、汝州、辉县、卫辉、沁阳、孟州、长葛等23个城市，33个县城，340个建制镇。

注2：包括河南18个地市、10个省直管市（县）及山东、安徽、河北、山西12个地市3个县区。

都邑，并曾有夏、商、管、郑、韩5次为都，隋、唐、五代、宋、金、元、明、清8代为州。洛阳是中国建都最早、朝代最多、历史最长的都城。隋唐时人口达到百万，四方纳贡，百国来朝，盛极一时。北宋时期的开封是当时世界上最繁华的大都市。安阳本是商王盘庚的都城，距今已有3 300多年的历史，不仅是甲骨文的故乡、《周易》的发源地，也是红旗渠精神诞生地。商丘由《诗经商颂》："天命玄鸟，降而生商"而闻名，拥有8 700余年文明史，5 000余年建城史，1 500余年建都史，因商人、商品、商业发源于此，被誉为"三商之源·华商之都"。

而以郑州为中心、洛阳为副中心的"中原城市群"，名副其实是一个历史悠久、文化资源极其丰富的区域。在城市化进程日益加快的当代中国，以传统农业资源与农业文化见长的中原，不可避免地需要重新思考未来发展的方向。无论是《中原城市群总体发展规划纲要》提出"打造具有中原文化特色的沿黄文化长廊"，或是《中原经济区发展规划（2012—2020）》定位于"华夏历史文明传承创新区"，都表达出以文化城市群发力的路径选择。重新整理、审视、反思中原城市群的文化资源及其使用情况，已成为迫切的理论与现实需要，由此可厘清中原城市群文化城市的建设环境与深层困局，也可为其他意欲文化立市、文化强省的地方政府提供借鉴。

# 第一节　中原地区文化资源概况

## 一、中原地区主要城市文化资源基本情况

"在当代中国，文化已超越了传统的作为政治附属物的观念，而被普遍认同为培育核心竞争力、竞争优势和提升软实力的核心价值要素之一。"① 文化资源也自然成为与自然资源、政策资源、经济资源等同等重要的发展动力源。

文化资源，从浅层次讲，是人类发展过程中积累的"物质文化遗产"和"非物质文化遗产"；从深层次讲，它是指在文化产业链中以"文化"为生产对象的生产资料，包括物质的和非物质的。文化资源是文化发展的现实对象，是潜在的文化遗产和文化生产力要素。"它不仅是一个地区或城市文化事业发展的客观环境与条件，也直接决定了当地文化产业的发展规模与性质。"② 通过文献搜索与实地走访，笔者对中原地区几个主要城市的文化资源的基本情况进行了仔细梳理（截至 2013年 10 月）。

### 1. 郑州

全市各类文物古迹达 8 651 处，其中：世界文化遗产 1 处，国家级重点文物保护单位 74 处 80 项，省级重点文物保护单位 95 处，市级文物保护单位 268 处。无论是文物古迹的总量，还是全国重点文物保护单位的数量，都位于全国地级市的前三甲。全市博物馆馆藏藏品二十余万件，其中一级品一百五十余件。有老奶奶庙旧石器遗址、新密李家沟、新密古城寨、新密新砦、登封王城岗大城、大师姑二里头文化城址、新郑望京楼夏商城址等物质文化遗产，也有子产、列子、韩非子等思想家，黄帝、大

① 李宁. 国内区域文化发展战略比较［J］. 学海，2009（6）.
② 刘士林，刘永. 上海浦江镇的文化资源与发展框架［J］. 南通大学学报（社会科学版），2009（2）.

禹、商汤、郑武公、赵匡胤等政治家，一行、李诫等科学家，潘安、杜甫、白居易、李商隐、刘禹锡、欧阳修等诗文大家的诸多典故。[①] 郑州流传下来的神话传说和历史典故也很多，大禹治水、楚河汉界、达摩面壁、武则天册封嵩山、官渡之战等都脍炙人口。

### 2. 洛阳

全市有世界文化遗产 1 处，全国重点文物保护单位 43 处，省级文物保护单位 84 处，市、县级五百余处，其中：全国重点文物保护单位有旧石器时代遗址 2 处，新石器时代遗址 4 处，省级文物保护单位有新石器时代文化遗址 16 处，包括七里坪遗址、北窑遗址、王湾遗址、土门遗址、桥北村遗址、西王村遗址等，是裴李岗文化、仰韶文化、龙山文化和二里头文化、商文化等各类文化的堆积。古城址有五大都城（夏朝二里头遗址、尸乡沟商城遗址、东周王城遗址、汉魏故城遗址、隋唐东都城遗址），列国故城 3 处（滑国故城、刘国故城、韩国故城）。洛阳是古代碑碣、墓志、石刻集中的地区，其中：升仙太子碑、孔子入周问礼碑、"洛出书处"碑、辟雍碑、龙门二十品、拟山园碑刻、千唐志斋碑刻等，价值极高。洛阳已发掘的古墓葬数以万计，其中烧沟汉墓、西周贵族墓群、东汉刑徒墓、西晋墓及大量的壁画墓知名度较高。邙山古墓葬区已列为全国重点文物保护单位。历代帝王陵墓数量众多，如位于洛阳高新区内、堪称中华第一陵的周山东周王陵，另有东汉皇陵、曹魏皇陵、西晋皇陵、北魏皇陵、唐恭陵，后梁宣陵，后晋显陵等。名人墓有伊尹墓、狄仁杰墓、杜甫墓、白居易墓、颜真卿墓、范仲淹墓、劭雍墓、二程墓、王铎墓等。此外，还有白马寺、龙门石窟、上清宫等著名古迹遗存，有伏羲氏、周公旦、苏秦、白圭、贾谊、许慎、桑弘阳、玄奘、刘禹锡、李贺、白居易、司马光等历史名人，有仓颉造字、伶伦作乐、"河图洛书""建安七子""竹林七贤""洛阳纸贵""程门立雪"等历史传说。非物质文化资源有河洛大鼓、唐三彩、洛阳水席、关公信俗、牡丹花会、宫灯、平乐郭氏正骨等。[②]

---

① 以上资料由郑州市委宣传部文艺处提供。
② 以上资料由洛阳市委宣传部文教科提供。

### 3. 开封

现有全国重点文物保护单位 19 处 22 项，省级文物保护单位 32 处 35 项，市级文物保护单位 30 处，县级文物保护单位 217 处。[①] 开封文化资源突出宋代特色。有宋都御街、清明上河园、龙亭、开封府、铁塔、繁塔、大相国寺、包公祠等、包公湖、龙亭湖、铁塔湖、城门楼。开封地下 3—12 米处，上下叠压着 6 座城池，其中包括 3 座国都、2 座省城及 1 座中原重镇，构成了"城摞城"的奇特景观。非物质文化遗产有朱仙镇木版年画、汴京灯笼张、开封盘鼓、大相国寺梵乐、麒麟舞、二夹弦、汴绣、摞石锁等。

### 4. 新乡

有国家级文物保护单位 20 处，省级文物保护单位 43 处，市县级文物保护单位 500 余处，历史文化名城一处，历史文化名镇一处。新乡市博物馆现有藏品 20 192 件（套），其中碑帖九千余件、历代书画作品一千七百余件。自然资源相对匮乏，人文资源、名人优势、民间文化底蕴却很深厚。有新石器时代龙山文化的遗址，有汉墓群，有省级重点文物保护单位络丝潭遗址、李大召遗址等。民间舞蹈主要有小宋佛高跷、懒汉推车、中州大鼓、寸跷秧歌等 30 余种。市级非物质文化遗产名录项目 116 项、省级 30 项、国家级 4 项。市级项目代表性传承人 87 人、省级 20 人、国家级 1 人。[②]

### 5. 焦作

全市共有历史遗址 721 个，墓葬 796 个，石窟、石刻 74 个。有距今 8 000 多年新石器早期的裴李岗文化遗址，有距今 5000 多年新石器中期的仰韶文化遗址，还有距今 4 000 年的新时期晚期龙山文化遗址，还有被评为 1999 年"全国十大考古新发现"的府城早商城址。目前全市共有文物遗迹 3 014 处，其中：全国重点文物保护单位 27 处（列全国 22 位），省级

---

①　以上数据由开封市委宣传部文艺科提供。

②　以上资料由新乡市委宣传部文艺科提供。

文物保护单位 71 处，市、县级文物保护单位 675 处，已公布的市区文物古迹点 92 处。全市共有博物馆、纪念馆 9 个，馆藏文物达 5 万余件，其中一级品 41 件、二级品 514 件、三级品 6 509 件、参考品 26 160 件、民间私人收藏文物近万件。其中，东汉连阁式彩绘陶仓楼、温县盟书、修武县夏商时期玉戈、元代杂剧俑、东汉五凤熏炉、四不像铜灯等都属于国家珍贵文物。全市国家级非物质文化遗产项目 10 个，省级非物质文化遗产项目 59 个。既有司马懿、李商隐、韩愈、许衡、朱载堉、"竹林七贤"等众多历史名人，也有太极拳、四大怀药、怀梆、唢呐等宝贵的文化遗产。国家级非物质文化遗产有陈氏太极拳（温县）、董永传说（武陟）、唢呐艺术（沁阳）、怀梆（沁阳）等，省级非物质文化遗产有司马懿得胜鼓（温县）、武德镇抬鼓（温县）、赵氏孤儿传说（温县）、高抬火轿（沁阳）、郑王词曲（沁阳）、竹林七贤的传说（修武）等共 59 项。焦作祖根地文化有太极拳（明末清初）、董永传说（西汉）、怀梆艺术（明清）、唢呐艺术（明朝）、韩愈文化（唐朝）、竹林七贤文化（三世纪中期）、十二音律（明朝）、曹瑾现象（明朝）等。全市共有国家 A 级旅游景区 10 个，其中：国家 5A 级旅游景区 3 个（云台山、神农山、青天河），4A 级旅游景区 3 个（嘉应观、圆融无碍禅寺、影视城），3A 级旅游景区 3 个（韩愈陵园、穆家寨生态旅游区、蒙牛工业旅游区），2A 级旅游景区 1 个（朱载堉纪念馆）。①

### 6. 平顶山

全市共登记不可移动文物 5 273 处。全市共有各类文物保护点 550 多处，其中：文物保护单位国家级 26 处、省级 38 处、市级 120 处、县级 228 处；馆藏文物 20 000 余件，其中珍贵文物 6 000 多件。全市共有非物质文化遗产项目 7 319 个，国家级 4 项、省级 19 项、市级 49 项，非物质文化遗产代表性传承人国家级 2 人、省级 22 人、市级 36 人。各类民间艺术形式和文化现象 100 多种，在省内外有一定知名度的有 20 多种，曲艺文化、魔术文化、佛教文化、姓氏文化、汝瓷文化、冶铁文化、知青文化、剪纸

---

① 以上数据由焦作市委宣传部文艺科提供。

文化等都是其中的代表。有应国墓地、清凉寺汝官窑、张公巷瓷窑遗址、蒲城店遗址、叶县旧县古墓、长城之祖楚长城遗址、北宋汝官窑遗址、千年古刹风穴寺、香山寺、三苏园、叶县明代县衙、汝瓷、王忠富泥塑等遗址古迹，国家级非物质文化遗产有宝丰马街书会，传承700余年经久不衰。历史名人有春秋战国思想家墨子、唐代著名诗人元结、宋代名将牛皋、清代小说家李绿园等。①

### 7. 许昌

全市有县级以上文物保护单位 327 处，其中：国家重点文物保护单位 23 处，省级文物保护单位 43 处，市级文物保护单位 79 处、县（市、区）级文物保护单位 182 处；馆藏文物七万余件，其中珍贵文物近 5 000 件。许昌是三国文化积淀最丰厚的地区，三国演义 120 回，其中 52 回故事发生在许昌或涉及许昌。许昌三国古迹占全国各地三国遗址、遗迹的 3/4。其中，汉魏故城、关羽辞曹挑袍的灞陵桥，关羽秉烛夜读春秋的春秋楼，曹操射鹿台、练兵台、运输军粮的运粮河，神医华佗墓等"三国"胜迹颇为有名。河南著名三国古迹景点 20 余处，许昌独占 14 处。② 另外，还有灵井遗址、石固遗址、瓦店遗址、关王庙大殿、汉画像砖石等古迹文物。历史名人有大禹、子产、吕不韦、晁错、司徒王允、曹操、陈实、荀淑、钟繇、吴道子、欧阳修、苏轼等。

### 8. 漯河

全市共登记不可移动文物 618 处。共有各类文物保护点 618 处，其中文物保护单位国家级 7 处、省级 28 处、市级 27 处、县级 197 处；馆藏文物 10 000 余件，其中珍贵文物 2 482 件。全市共有非物质文化遗产项目 53 个，国家级 1 项、省级 7 项、市级 53 项，非物质文化遗产代表性传承人省级 5 人、市级 56 人。著名的物质文化遗产有许慎墓、大岗遗址、彼岸寺经幢、"公卿将军上尊号奏"与"受禅表"两通石碑、"三绝碑"等。历史人

---

① 以上资料由平顶山市委宣传部文艺科提供。

② 以上数据由许昌市委宣传部文艺科提供。

物有东汉著名的经学家、文字学家、训诂学家许慎，刚正不阿的东汉名士范滂，明朝刑部主事刘校，明嘉靖重臣贾咏，曾任台北首任知府、带领台湾人民抗击法国侵略的陈星聚等。漯河地处中原，历来为交通要道，兵家必争之地，流传着许多典故和传说，如孔子思归、孔子问十、汉献帝禅位曹丕、岳飞郾城大捷、杨再兴小商桥之战等。民间文化有心意六合拳、沙河调、舞阳农民画、狮子舞、竹马舞、唢呐、闹伞等一大批民间自娱自乐的项目。

### 9. 济源

全市现已查明的不可移动文物有 948 处，其中全国重点文物保护单位 7 处（济渎庙、奉仙观、大明寺、阳台宫、柴庄延庆寺塔、轵国故城、五龙口古代水利设施），河南省文物保护单位 17 处（如庙街遗址、沁河古栈道、栗树沟遗址、轵城关帝庙、迎恩宫等），济源市文物保护单位 113 处。济源市博物馆馆藏文物已达 14 000 余件，其中：一级品 21 件，二级品 187 件，三级品 3 090 件，如陶都树、陶风车、西汉陶俑等。还保存了大量不同时期的碑碣石刻、名人题刻以及名木古树，如唐薛希昌的《有唐济渎之记》和《唐贞一先生庙碣》、奉仙观的《太上老君石像碑》、赵孟頫的《投龙简记》、明洪武年间的《大明诏旨碑》、文徵明的《七律诗碑》、阳台宫三清殿和玉皇阁的明代浮雕盘龙石柱、清乾隆御书的《盘谷考证》和重书的《送李愿归盘谷序》碑，以及济渎庙的将军柏、紫微宫的银杏树、阳台宫的龙凤柏和娑罗树等。[①]

## 二、中原地区文化资源分类及特点

文化资源根据其特性可以分为三类：物质文化资源、社会文化资源和审美文化资源。物质文化资源，主要包括自然景观资源、生态系统资源、土特产品资源、古建筑资源以及它们的具体情况；社会文化资源，主要包括农业文化资源、历史文化与民俗文化资源以及它们的具体情况；

---

① 以上资料由济源市委宣传部文艺科提供。

审美文化资源，主要是各种世代相承、有地区文化特色、与群众生活密切相关的口头文学、音乐歌舞、游戏竞技、民间艺术等。[①] 与以往从内容的角度划分相比，这种以属性划分的分类方式更加清晰、概括，贴近本质，对我们思考如何分析、利用各种类型的文化资源而言，更具有针对性与操作性。

由于中原地区幅员辽阔、文化资源丰富，按照以上的分类方式将之一一标注工程浩大，本研究仅选择极具代表性的几个文化资源样本展开研究（表6-2），而这种选择典型案例进行的研究结果具有一定的普适性，对同类型的文化资源有借鉴意义。

表6-2　中原地区文化资源类型

| 资源类别 | 主要构成要素 |
| --- | --- |
| 物质文化资源 | 龙门石窟、殷墟、嵩山、云台山、重渡沟、南阳伏牛山、信阳毛尖、洛阳牡丹、焦作四大怀药、开封菊花等 |
| 社会文化资源 | 黄河小浪底水利枢纽工程、中华姓氏、许昌三国文化、少林文化、浚县及淮阳庙会、历史名人（如人文始祖轩辕黄帝、治水英雄大禹、道圣老子、墨圣墨子、商圣范蠡、画圣吴道子、字圣许慎、医圣张仲景、科圣许衡、诗圣杜甫等）等 |
| 审美文化资源 | 豫剧、登封少林武术、陈家沟太极拳、信阳歌舞、开封盘鼓、濮阳杂技、南阳曲艺等 |

作为华夏文明的重要发祥地，中华传统文化的核心区域，中原地区的文化资源具有不同于长三角、珠三角等任何一个东部沿海城市群文化资源的特点，主要表现在以下几方面。

1. 从历史角度讲，中原文化具有根源性的特点

这表现为中原文化在整个中华文明体系中具有发端和母体的地位。无论是人类记载的史前文明，还是有文字记载以来的文明创造，都充分体现了这一点。从"盘古开天""女娲造人""三皇五帝""河图洛书"等神话传说，到早期的裴李岗文化、仰韶文化等考古学发现，都发生在河南；被

---

① 刘士林，刘永.上海浦江镇的文化资源与发展框架［J］.南通大学学报（社会科学版），2009（2）.

视为中华文明根源的夏、商、周三代，同样发端于河南。作为东方文明轴心时代标志的儒、道、墨、法等诸子思想，也正是在研究总结三代文明的基础上生成于河南。①

2. 从数量角度讲，中原文化具有富集性的特点

这表现为作为中华文化之根的史前文化、华夏民族崇祖文化代表的神龙文化、华夏政治文明基石的政治文化、中华传统文化精髓的圣贤文化、中华文明核心的思想文化以及灿烂的名流文化、英雄文化、农耕文化、商业文化、科技文化、医学文化、汉字文化、诗文文化、宗教文化、民俗文化与武术文化，在此俯拾皆是。但也不可忽视一点，与中原文化的主要构成要素集中在古代历史文化相比，近现代文化资源相对匮乏，或者说开发、重视不够。

3，从系统角度讲，中原文化具有关联性的特点

这表现为文化系统高度完整，各文化要素之间有机关联。例如，作为中国佛教的首传地、号称"神州第一刹"的白马寺，不仅是中国第一个官府设立的佛教寺院，更是被尊誉为中国佛教的"祖庭"和"释源"，它与龙门石窟一起将洛阳推向世界。此外，如牡丹与武皇资源、包公与戏曲资源、河洛与姓氏文化资源、大遗址与非物质文化资源、神话与文学资源等，都密切相连，形成了中原城市群的文化链。

4. 从功能角度讲，中原文化具有传承性的特点

这表现为中古以来，特别是唐宋两朝的首都洛阳与开封在中国传统文化中的代表性，在中原的传承脉络格外清晰。东汉时期，全国的政治文化中心移至洛阳，东汉后期汉灵帝在东都立鸿都门学吸引天下平民才俊，与刘秀在洛阳修建的太学成为文化上的两大景观。后来，汉末陈留（今开封）人蔡邕钞刻熹平石经，标举儒学正统的意识，到唐代孟

---

① 中原文化的显著特点［EB/OL］. http：//www.henan.gov.cn/ztzl/system/2009/06/08/010139034.shtml.［访问时间：2009 - 6 - 8］.

州（今焦作）人韩愈则明确提出道统文统的观念，北宋"二程"在伊洛河融汇三教而开创的理学，更是决定性地影响了整个中国今古以来的进程。这些文化史上的坐标性人物及其贡献，鲜明地佐证了中原文化精神薪火相传的事实。[①]

5. 从发展角度讲，中原文化具有包容性的特点

这表现为中原文化具有兼容众善、合而成体的特点。中原文化通过经济、战争、宗教、人口迁徙等众多渠道，吸纳了周边多种文化中的优秀成分，实现了物质文化、制度文化和思想观念的全面融合与不断升华。考古人员发现，20万年前南北文化就交汇在中原一带。进入新石器时代，文化交流更为频繁，文化融合更为深化。新石器时代中原文化与周边地域文化具有许多共同点，如：中原地区的大汶口文化就是东夷集团的海岱民族和中原民族交往、融合的结果；郑州大河村遗址中出土的一些富有山东大汶口文化特征的陶器，说明中原文化在那时就开始吸收周边文化成果，熔铸自己的文化。胡服、胡乐、胡舞、胡人食品在汉唐间传入中原，都融入中原文化之中。世界其他地区的宗教基本都具有排他性，但是作为外来宗教的佛教传入中原，却被本土的儒道文化所接纳，成为中原文化和中华文化的重要组成部分。[②]

丰厚的历史文化资源一方面代表着中原文化在中华文明历史上的正宗与正统地位，一直以来受到周边地区的仰视与羡慕；但另一方面，"富不过三代"的"魔咒"也适用于此，文化资源普遍具有的非独占性特点，决定了中原地区的文化资源不会自动转化为城市软实力，对文化资源的正确使用比大量挖掘更为重要。而如何将区域文化资源转化为促进区域经济、社会、文化发展的新动力，不仅要紧追世界文化发展的大趋势，更要从我国的特殊国情出发，特别是要从直接影响到区域文化发展合法性问题的文化政策角度展开讨论——因为政策先行向来是我国政府在处理公共事务时的惯例。

---

① 高丽杨. 试论中原文化资源的基本特点 [J]. 中共郑州市委党校学报，2011 (5).
② 中原文化的显著特点 [EB/OL]. http://www.henan.gov.cn/ztzl/system/2009/06/08/010139034.shtml. [访问时间：2009 - 6 - 8].

## 第二节    中原地区区域文化政策的
## 主要内容及演变过程

### 一、中原地区区域文化政策主要内容

中原文化主要以河南文化为主体，研究中原的区域文化政策，实际上就是以河南的文化政策为主要研究对象。因为：

第一，从历史上看，以河南为中原文化的代表是一个约定俗成的文化认识，正如提到江南文化势必以苏杭为马首；而岭南文化肯定与广东有关等。

第二，从现实来看，无论是"中原经济区"还是"中原城市群"，其核心或者说对区域经济、区域文化有示范、带领作用的绝对离不开"郑州""洛阳""开封""安阳"等地，这些城市不仅是中原地区的经济强市，也是在经济、文化、社会各方面都走在河南省前列的城市。

第三，从都市化理论角度看，任何一个地区的首位城市（如省会）或者中心城市（如经济中心）对于其周边城市或地区的影响力往往更大于其他都市圈或者城市群的影响力，大城市对于小城镇或农村而言，有着强烈的磁铁效应。因此，研究大城市（首位城市或省会城市）的意义更大于中小城市。这一理论同样适用于对区域文化城市的剖析。所以，我们首先对河南省自改革开放以来颁布的有关文化内容的相关政策做一梳理，从中找出河南省政府部门对于当地文化发展的主要思路与轨迹，如表6－3所示。

表6－3    中原地区区域文化政策主要内容

| 文件名称（发布时间） | 区域文化政策主要内容 |
| --- | --- |
| 《河南省〈文物保护法〉实施办法》（1988年12月22日河南省人大修订） | 河南省文物保护相关规定 |

| 文件名称（发布时间） | 区域文化政策主要内容 |
|---|---|
| 《深化全省艺术表演团体和省直艺术表演团体改革的意见》（河南省文化厅 1996 年） | 对全省艺术表演团体布局进行了重新调整。取消河南省歌舞团、河南省曲艺木偶剧团，组建河南省歌舞剧院，强调办好县级剧团 |
| 《河南省历史文化名城保护条例》（2005 年 7 月 30 日河南省人大） | 河南省历史文化名城保护相关规定 |
| 《河南省地方税务局关于落实税收政策大力支持文化产业发展的意见》（河南省地方税务局 2005 年 8 月 17 日） | 落实国家支持文化产业发展的各项税收政策。加强对试点单位、新办文化企业、新兴文化产业和符合高新技术条件的文化企业的税收支持 |
| 《河南省建设文化强省规划纲要（2005—2020 年）》（河南省人民政府 2005 年 9 月 9 日） | 提高公民整体思想道德水平：① 加强思想建设；② 弘扬民族精神和时代精神；③ 深化公民道德建设；④ 提升城乡文明程度<br>全面繁荣文化事业：① 重视哲学社会科学建设；② 繁荣文学艺术事业；③ 加强广播影视新闻出版建设；④ 大力发展群众文化；⑤ 加强文物保护和开发利用；⑥ 进一步完善公共文化服务体系<br>加快发展文化产业：① 建立文化产业新格局；② 培育和发展重点文化产业（传媒产业、出版产业、演艺娱乐产业、文化旅游产业、网络服务业、广告会展产业、新兴文化产业）；③ 建设若干产业基地和产业园区；④ 积极培育文化市场体系<br>推进文化领域的改革开放：① 加快文化管理体制改革；② 加快文化单位体制和机制创新；③ 充分动员社会力量发展文化；④ 扩大文化领域的对外开放<br>规划建设一批标志性文化工程。<br>建立健全文化强省建设的保障机制：① 加强对文化强省建设的组织领导；② 制定和落实文化强省建设的经济政策（加大对文化事业的财政支持力度、落实和完善文化经济政策、改革和完善文化产业的投融资体制）；③ 加强文化法制建设；④ 加强文化市场管理；⑤ 加强文化人才队伍建设；⑥ 建立健全文化产业统计监测体系 |

续表

| 文件名称（发布时间） | 区域文化政策主要内容 |
|---|---|
| 《关于大力支持文化产业发展和文化体制改革的意见》（河南省人民政府国有资产监督管理委员会 2005 年 9 月 13 日） | ① 坚持将文化体制改革作为加快文化产业发展的突破口，推进国有文化企业的改组改造。② 按照整体规划，分步实施的原则，有序推进经营性文化事业单位转企改制和国有文化企业产权制度改革。③ 加强文化体制改革的政策宣传和指导工作。④ 积极做好文化体制改革的服务工作。⑤ 简化程序，加快文化产业国有独资公司的审批工作。⑥ 全面落实国家和我省制定的有关国有企业改革的优惠政策，支持文化体制改革工作。⑦ 加强指导，深化国有文化企业内部三项制度改革。⑧ 做好文化体制改革的规范工作 |
| 《河南省文化建设"十一五"规划》（河南省人民政府 2007 年 7 月 30 日） | 主要任务：① 构建公共文化服务体系；② 构建文化遗产保护体系；③ 构建精品艺术生产体系；④ 构建文化市场管理体系；⑤ 构建文化产业发展体系；⑥ 构建对外文化交流体系；⑦ 构建文化人才培养体系 |
| 《关于加快文化资源大省向文化强省跨越的若干意见》（河南省人民政府 2007 年 12 月 12 日） | ① 以社会主义核心价值体系为根本，扎实推进和谐文化建设。② 有效开发文化资源，培育文化优势产业和知名品牌。③ 加强文化重点项目建设，加大文化产业招商引资力度。④ 推进文化产业结构调整，增强可持续发展能力。⑤ 培育文化龙头企业和中心城市，发挥辐射带动作用。⑥ 建立和完善现代文化市场体系，引导和扩大文化消费。⑦ 构建公共文化服务体系，进一步实现和保障公民基本文化权益。⑧ 全面深化文化体制改革，不断解放和发展文化生产力 |
| 《河南省人民政府关于支持省级文化改革发展试验区建设的若干意见》（河南省人民政府 2009 年 7 月 7 日） | 支持试验区加快文化体制改革：① 支持试验区艺术表演团体改革。② 加快其他经营性文化事业单位改革步伐。③ 完善国有经营性文化事业单位转企改制时人员退休政策。④ 保持对转企改制文化单位的财政扶持。⑤ 深化文化市场监管体制改革。⑥ 深化文化产业投融资机制改革。⑦ 扶持试验区民营文化企业发展<br>支持试验区文化产业集聚发展：⑧ 支持试验区重大文化产业项目进入各地经省政府认定的产业集聚区，并享受相关优惠政策。⑨ 支持试验区发展特色文化旅游园区<br>加大对试验区的财税扶持力度：⑩ 加大财政投入。⑪ 支持试验区龙头文化企业加快发展。⑫ 落 |

**续表**

| 文件名称（发布时间） | 区域文化政策主要内容 |
| --- | --- |
| 《河南省人民政府关于支持省级文化改革发展试验区建设的若干意见》（河南省人民政府 2009 年 7 月 7 日） | 实税收优惠政策<br>适当扩大试验区部分经济管理权限：⑬ 支持各试验区以文化改革发展为突破口，加快经济社会发展步伐<br>加强对试验区文化人才的培养、引进、保护和智力支持：⑭ 支持试验区与省内高等院校和中等职业学校合作办学，举办各类文化专业的培训班、专修班等，为试验区文化发展提供人才保障。⑮ 鼓励试验区面向省内外吸引高层次文化人才挂职担任科技副县（市）长。⑯ 对区域内的文化专门人才，试验区政府要制定特殊保障措施，充分发挥他们在促进文化繁荣、传承历史文脉等方面的独特作用。⑰ 省成立试验区改革发展专家咨询委员会，为试验区改革发展提供创意、规划、学术、技术和政策咨询服务 |

## 二、中原地区区域文化政策演变过程

事实上，河南省早在 20 世纪 80 年代初就意识到文化资源对其发展的重要意义，1983 年出台的《河南省〈文物保护法〉实施办法》是全国最早的地方文物法规（比同为文物大省的陕西省早了 5 年），在这之后又先后出台了《洛阳龙门石窟保护管理条例》等 8 个地方性文物保护法规，为河南省的文物开发及保护工作做出了充分的法律和政策基础。经历了 30 年的城市化建设，"河南的地下文物仍居全国第一位，地上文物居全国第二位，馆藏文物占全国的 1/8"，① 这样的成绩虽有历史的积淀，也跟政策保护及时不无关系。

在文化管理方面，河南省于 90 年代中期出台了省文化市场管理条例、经营性歌舞娱乐场所管理规定等一批地方性法规，且随着进一步调整专业艺术表演团体的布局，河南省专业艺术表演团体的数量在十年间由 228 个缩减为 198 个（1992—2002 年）。②

---

① 河南文物数量全国领先 [EB/OL]. http://www.china.com.cn/. [访问时间：2002-4-19].
② 郭俊民. 河南省文化体制改革的回顾与思考 [J]. 河南图书馆学刊，2007（6）.

　　自 2005 年《中共河南省委、河南省人民政府关于大力发展文化产业意见》开始，河南文化产业队伍迅速壮大。其总体思路是：做大做强主导产业，充分发挥龙头带动作用；瞄准文化产业发展前沿，抢占新兴产业制高点；大力发展社会文化产业，拉动大众文化消费；以郑州为中心，以沿黄文化产业带为主轴，以豫北和豫南文化产业区为两翼，以各地特色文化产业区块为支撑，构建"一带两翼"的文化产业区域布局。接着《河南省文化厅关于加快文化产业发展的若干意见》《河南省地方税务局关于落实税收政策大力支持文化产业发展的意见》《河南省文化厅关于贯彻落实省委省政府〈关于大力发展文化产业的意见〉实施意见》《河南省人事厅关于促进文化产业发展和文化体制改革的意见》《河南省发展和改革委员会关于支持文化产业发展的若干政策措施》《河南省财政厅关于支持文化产业发展的意见》《河南省商务厅关于大力支持文化产业发展的意见》《河南省劳动和社会保障厅关于做好劳动保障工作大力支持文化产业发展和文化体制改革的意见》《河南省体育局关于加快全省体育文化产业发展的意见》《河南省旅游局关于大力支持文化产业发展的若干意见》《河南信息产业厅关于大力支持文化产业发展的意见》《河南省国家税务局关于大力支持文化产业发展的意见》《河南省中小企业服务局关于大力支持民营企业发展文化产业的意见》《河南省工商行政管理局关于大力支持文化产业发展的意见》等 21 个厅局均出台了支持文化产业的相关政策，其中包括文化企业将享受河南地税局出台的 15 条税收优惠政策、培养文化产业创新型人才、加大投资力度、加快文化领域信息化建设、繁荣文化事业、推动文化体制改革、建设文化强省等提供政策支持。继《中共河南省委、河南省人民政府关于大力发展文化产业意见》后，河南省又出台了《河南省建设文化强省规划纲要（2005—2020）》，提出利用历史文化资源协调文化事业与文化产业的发展。2006 年为推动省直经营性文化事业单位转企改制工作，就有关人员分流安置和劳动保障问题提出了《关于省直经营性文化事业单位转企改制中人员分流安置和劳动保障有关问题的意见》；《河南省省级文化产业发展专项资金管理暂行办法》在整合现有文化资金的基础上，设立年省级文化产业发展专项资金用于支持文化产业发展的资金。2007 年，河南省文化厅和发改委为适应该省社会主义文化建设的需要，全面贯彻落实科学发展观，推动文化事业和文化产业协调发展，出台了《河南省文化建设"十一五"规划》、12 月 17 日正式出台《关于加快文化资源大省向文化强省跨越的若干意见》，明确文化强省跨越的奋斗目标和保障措施，明确提出文化强省建设"两步走"战略。① 2008 年为进一步深化文化体制改革，加快发展文化事业，提升文化产业竞争力，颁布《中共河南省委河南省人民政府关于进一步深化文化体制改革加快文化产业发展的若干意见》等重要政策文件，及时指导规范文化产业的发展。由河南省社科院组织编写的《河南文化发展报告（2008）》，为贯彻省委、省政府文化强省战略在理论和智力上提供了支持。2009 年，颁布了《河南省人民政府关于支持省级文化改革发展实验区建设的若干意见》，为河南文化产业发展提供人才支持。郑州市也于 2006 年出台了《郑州市文化事业建设费使用管理办法》《郑州市嵩山古建筑群保护管理规定》《关于进一步加强农村文化建设的实施意见》，2007 年出台了《郑州市嵩山历史建筑群保护管理条例》，在发展文化产业的同时为该省的历史文化资源给予保护。从上述政策文件中我们可以看出，倾向历史文化资源的挖掘与保护是大趋势；而文化产业的商业化却鲜有提到，也就是对如何在开发利用这块还没有好的思路。

## 第三节  中原地区文化资源保护与开发现状分析

中华文明多元一体，核心在中原地区。中国之名，表示"中央之国"，显示的是地理位置的优越，而与中国并称的中土、中州、中原，其所谓"中"，就是指当今的河南省。中原城市群部分地区与中原经济区叠合。2010 年国务院印发的《全国主体功能区规划》将中原经济区定位为"国家重点开发区域"，对它寄予很高期望。但与我国其他主体功能区最大的不同在于，中原作为曾经的世界文明中心、中华文化核心区，已经在历

---

① 张春香. 河南文化旅游产业发展的战略思考 [J]. 信阳师范学院学报（哲学社会科学版），2006（6）.

史演变中形成了一整套独立、完整的文化系统。概括来说，体现在三个方面：首先，中原地区地势起伏相对平缓，以平原和黄土丘陵为主，农业文明生产生活方式根深蒂固。其次，儒家三纲六纪哲学思想自此发散，崇尚秩序等级，依靠人伦关系整合社会。最后，中原文化崇尚庄禅式的审美理想，将无限的欲望本能与有限的自然资源进行调和，实现精神的超越与解脱。这一套中原独有的文化系统，如果能扬长避短、与时俱进地加以利用，就能发挥出"以文化人、以文化城"的作用，但如果不能克服小农社会的迟钝、短视、多疑、惧怕新事物、缺乏创新精神等劣根性，必将成为严重阻碍城市发展的一块绊脚石。

## 一、中原地区文化资源保护情况

作为中华民族和华夏文明的重要发源地，这里曾经集群式地出现了老子、庄子、墨子、韩非子、玄奘、"二程"等文化"恒星"，但是在当今社会，却鲜有中原文化的新思想、新体系出现。虽然河南省的各类文物点与各级文物保护单位数量庞大，但 2013 年年初河南省社科院预计当年河南省文化产业增加值将占 GDP 的比重是 1.9%[①]（早在 2011 年，云南省的这一数据已经达到 6%[②]），仍旧没有显示出文化资源大省的优势。事实上，自河南提出"旅游立省战略"以来，中原城市群成员都将文化资源作为最经济、最重要、最直接的资源进行保护与开发。

### 1. 在思想认识上，有了保护文化资源的态度

从最初的《文物保护法》到《关于大力发展文化产业的意见》及各类配套政策，中原城市群从省到市乃至县域都出台了系列关于文化发展的指导文件。例如，2005 年 9 月《河南省建设文化强省规划纲要（2005—2020年）》、2005 年 10 月《河南省旅游局关于大力支持文化产业发展的若干意见》的出台，以及国家级历史文化名城郑州、洛阳、开封三市，在历年的

---

① 今年我省文化产业占 GDP 比重将达 1.9% [N]. 河南经济报，2013 - 1 - 7.
② 文化产业增加值占全省 GDP 比重 6% [EB/OL]. https://travel.ifeng.com/china/detail _ 2011 _ 03/24/5341302 _ 0. shtml. [访问时间：2011 - 3 - 24].

政府工作报告中，反复强调要加强重要文化遗产和文物的保护、开发和利用，重视对文化资源的开发利用，都显示出城市管理者在思想认识上的进步。另外，有些城市在具体行动上也有一些创新行为，如被称为"露天博物馆"的新郑市不仅成立了以市长和副市长为正副组长的文管会，而且在各个系统都进行机构精简、压缩编制的情况下，扩大文保所编制，有效保护新郑文物资源。

2. 在具体行动上，有了一些政府主导的文化推广活动

中原以物质文化丰富著称，也以非物质文化传统悠久闻名。近年来在一系列相关文化政策的推动下，洛阳龙门石窟和安阳殷墟成功申报世界文化遗产，"少林寺""龙门石窟""云台山"成为世界知名品牌。古都开封依托宋文化，打造宋都古城文化产业园区。大型实景演出《禅宗少林·音乐大典》、舞剧《风中少林》、清明上河园实景演出《大宋·东京梦华》，已成为中原的文化名片。在新郑、郑州等地举办的黄帝拜祖大典、世界客属第十八届恳亲大会、第十届亚洲艺术节，以及众多姓氏世界性的宗亲恳亲大会等活动，不仅为中原各城市搭建了一个广阔的经济、文化交流平台，让国内外华人亲临领略中原历史的源远流长，感受中原文化的博大精深，也很好地宣传了中原文化，提升了中原文化的整体实力。

## 二、中原地区文化资源开发过程中存在的问题

中原地区的文化资源保护工作已得到重视，但在开发过程中存在着一些问题（表6-4），这些开发过程中的困局，同时也是我国其他城市在文化建设中普遍遇到的难题。

刘士林曾指出传统文化积淀过于沉重的城市在城市文化建设方面会面临马一浮先生所说的"得多失多"的情况。[①] 中原地区是中国古代农耕文

---

① 刘士林.上海城市的生命历程与文化创造——刘士林教授在上海交通大学的讲演［N］.文汇报，2010-8-7.

明与皇权专制最根深蒂固的地区之一，由此形成的一整套伦理功能极强的
思维模式是阻碍中原城市群文化城市建设的一大因素。

表6-4　中原地区文化资源开发过程中存在的问题与后果

| 资源类型 | 存在问题 | 后　果 | 实　例 |
| --- | --- | --- | --- |
| 物质文化资源 | 急功近利 | 开发过程中目光短浅，存在掠夺式开发的现象，造成对文物不同程度的破坏：许多古迹、文物被改头换面，重新包装，失去原貌；在部分地方，一些古迹、文物和建筑在开发名义下遭到严重破坏，有些甚至是毁灭性的 | 平顶山市境内马头山的楚长城遗址遭开发商多次开挖破坏。①② |
| 社会文化资源 | 唯利是图 | 把一切与文化沾边的东西都弄成能够立足市场的拳头产品，不顾宗教文化、地域文化和历史名人的形象价值、宣传价值、教化价值，不惜人力、财力，忙于做一些不切实际的规划，盲目上一些很难看到市场前景的项目，将造成一些连续和整体意义上的历史文化被肢解和打断 | 少林寺形象正不断被妖魔化：有的登封当地人冒充少林和尚四处行骗；普通民众对少林寺方丈释永信"在商业中修行"的观念褒贬不一；斥资5亿元打造的"少林文化复兴工程"受到多方质疑 |
| 审美文化资源 | 庸俗雷同 | 在缺乏现代化生产技术和手段、创意能力不足的条件下，文化产品附加值低，无法形成产业链，导致文化产业生存空间变窄，生存能力和发展能力受限，缺乏市场竞争能力 | 焦作市温县太极拳的开发基本以建太极拳祖祠、祖林、杨露禅学拳处、太极拳博物馆等景点为主要方式，至今没有形成独具特色的产业链 |

　　一方面，传统伦理观念中"成王败寇""斗争哲学"的封建思维方式，
使得各城市间难以树立共赢精神，难以消除零和博弈情结，从而造成不必
要的内耗与资源浪费。长期以来，中原城市群效率低、发展慢的发展状
况，造成了其迫切希望得到城市化的各种资源，同时，由于城市化给传统

---

　　① 河南境内楚长城屡遭破坏 专家吁划定文物保护红线 [EB/OL]. http：//zjww. gov. cn/news/2011-05-26/319141704. shtml. [访问时间：2011-5-25].
　　② 河南楚长城遗址遭破坏 文物部门遇执法尴尬 [EB/OL]. http：//news. sina. com. cn/c/2008-06-07/121515701129. shtml. [访问时间：2008-6-7].

农业社会造成的重大冲击，使得他们在内心深处又往往厌恶自己扮演的角色，造成了在深层心理中抵制城市化，乃至精神与行为分裂的恶果。具体表现在面对外界的经济刺激，无法以平常心对待，或者过于自尊，虽然向往城市，住进了城市，但是在城市中找不到归属感，原先与土地打交道的生活经验与现实中浓厚的商业氛围无法协调；或者无条件无原则地退让，如河南的某个"文物部门称，一些单位对古建筑不修不管，就是想让它尽快倒塌，好用地皮开发谋求利益"。①

另一方面，传统宗法制度中"亲属结构"的盛行，阻碍了中原地区各种资源的合理流动，使其在文化城市建设的道路上也难以避免"熟人社会"的各种弊端。"'亲属结构'主要表现在血缘、地缘与学缘三方面。……通过资源、权力与信息的控制以及人才与人力的配送而渗透到社会的方方面面，使拥有良好硬件设施和发展潜力的中国城市在很多方面沦为一个放大的家族组织、宗法社会或隐形的利益小集团。"② 在缺乏合理的奖惩制度或者收益高于风险的情况下，人们势必会对自身利益格外重视，难以建立公平、公正的社会关系，由此造成各种不合常理的规划、不合情理的项目频频亮相，劳民伤财。因此，中原文化发展的困局不是资源的多与少，而是资源配置的问题，是资源的有效利用与浪费破坏的问题。

## 第四节　对中原城市群文化资源 开发利用的建议

芒福德指出："城市从生长、扩展到崩溃瓦解这个周期常常重复着，其原因之一可能在于文化性质的本身。我们已经看到，在许多情况下，城市趋向于把社区有机的多彩的生活禁锢在僵化的、过分专门化的形式内，这个形式为了求得自身的连续性，不去适应变化和进一步发展。城市本身的结构，如同石头容器一样，它控制着有吸引力的磁石，在过去也许在很

---

① 河南唯一鲁班庙深夜遭强拆 系两百年历史文物［N］.郑州晚报，2011-8-23.
② 刘士林.中国城市的国际化必须打破"亲属结构"［J］.学术界，2009（4）.

大程度上是产生阻碍适应发展和变化的原因。到头来，它使崩溃和瓦解（通过战争、大火或经济萧条枯萎）成为打开城市新生大门的唯一途径。"① 可见，文化资源是城市发展极其重要的基础性要素之一，同时也是一个城市文化的存续与复兴的源泉。因此，中原城市群文化资源的有效开发利用需从精神与操作两个层面展开。

## 一、精神层面

作为一个农业人口占绝对比重的区域，中原地区传统农业社会的文化范式，不可能被直接用来为中原的城市化进程服务，并且，从世界经济发展史来看，许多贫穷国家、民族、地区遇到的一个难以克服的障碍就是价值观取向、人们思维方式等精神文化的障碍。对新社会秩序的抗拒或对旧传统价值观、思维方式、行为方式的依恋都会阻碍经济社会的发展。而中原传统文化是典型的政治—伦理型文化，依靠传统宗法血缘关系建立的社会秩序，虽然在对抗工具理性与物质主义方面有着一定作用，但是在城市化进程高速发展的当下，中国人传统性格中的种种劣根性也将是严重阻碍城市发展的一大因素。面对城市化这一不可阻挡的趋势，依靠地方文化资源发展旅游、拉动经济是目前阶段最经济、可行的发展方式，两者之间存在着不可避免的矛盾——对日渐稀缺的城市空间的争夺。而中原城市群在面积与人口上都远小于长三角、珠三角等具有先发优势的城市群。因此，以劳动密集型或产业扩张型为竞争手段明显是不可取的。对于这种情况，城市的管理者首先要学会淡化赶超情结，摒弃亲疏陋习，建立分享精神、追求共赢局面的科学认识。

## 二、操作层面

规范和完善文化资源的开发权限，精准利用文化资源，实现文化的传

---

① ［美］刘易斯·芒福德. 城市发展史——起源、演变和前景［M］. 宋俊岭，倪文彦译. 北京：中国建筑工业出版社，2005.

承与创新，推动城市的可持续发展，不仅是科学发展观的当然要义，而且还是当今世界和平与发展、开创人类共同美好未来主题的重要内容之一。

1. 适度开发

文化资源是一种无价的资源，一些名人的胜迹由于保护和利用得好，不仅极大地提高所在地的知名度，同时也为当地带来可观的经济效益。即使如此，我们的首要任务还是"保护"。所谓保护，是指防止、限制和禁止对保护对象的威胁、干扰和破坏，保证保护对象健康地可持续发展。因此，对于中原城市群而言，文化资源的开发首先应适度。具体应考虑以下几点：

1）保护物质文化资源环境

物质文化资源是一个地区或一座城市最直接、最形象的资源，中原城市群相比其他城市群，拥有数量最多的物质文化资源。长期的挖掘与开发，使得它们更需要政策与制度的保护，因此，制度环境的建构尤其重要。虽然有个别城市在文物保护制度上有了一些创新与努力，但总体而言，文化资源在开发过程中仍缺乏限制性指标。另外，生态环境保护不容忽视。中国城市化建设过程中付出的环境代价有目共睹，中原城市群作为一个年轻的中部城市群，在经济、交通等要素上比不过东部一线城市，只能"靠山吃山靠水吃水"，对环境的依赖性极强，云台山、牛伏山、信阳毛尖、开封菊花，都依赖当地独特的水质、土质等自然条件而闻名。因此，在开发过程中应保持头脑清醒，不能因经济利益驱动而不顾污染环境的恶果。在必要的时候应提前制定相关法律规范，避免先污染后治理的陋习一再上演。

2）规范社会文化资源属性

不可否认的是，文化资源抢夺大战一直在中原大地上演着。一个历史名人、一段历史故事，不像一座古墓、一座名山，有着非常明确的地理属性，它们往往因各种典籍的误读或讹传而"身份不清"。中原名人被其他省区冒领、抢占的事件比比皆是，如：山东抢夺姜子牙和墨子，安徽抢夺老子、庄子和张良，湖北抢夺花木兰和诸葛亮，山西抢夺白居易和司马光，陕西抢夺白居易和杜康，河北抢夺赵匡胤、韩愈和蔺相如，等等。之所以没有争议的变成有争议，少数人的观点变成主流的观点，究其原因，正是源于中原当地自身缺乏对这类文化资源属性的有效规范。从理论的角度进行梳理、规范、论证，也许不会提升经济值，但对于保护中原文化资源不被无限制、甚至错误地使用有着不可忽视的作用。

3）修复审美文化资源结构

应组织专家建立中原审美文化资源数据库，从人才队伍、艺术类目、事业与产业等角度对其进行修复、重建。目前，审美文化资源存在寡头竞争的局势，除了少林武术与太极拳被众人追捧之外，大部分当地民间艺术后继乏人。河南省境内的"中国民间文化之乡"数量颇丰，亟须政府及媒体的大力宣传，以吸引更多人加入继承与发扬之列。另外，正如历史上的中原，一度是发达文明的代名词一样，中原的艺术也曾为世界瞩目。但如今的中原，缺少能震撼全国的艺术门类，缺少能引领某一流派的大师名家已是不争的事实。为此，需要挖掘出能站上"金字塔"顶端、真正叫得响的审美文化资源。

2. 精准利用

事实证明，城市群在任何一方面的集聚效应都是单体城市所不能比拟的，中原城市群作为一个整体在产业、经济、交通等方面的联合行动，最终需要依靠一种共同的文化向心力来凝聚、放大。因此，要精准利用中原城市群的文化资源，必须建构规划、策划的系统思维，提炼出产业联动的整合方案，以产业化的方式，消除文化产业和文化事业之间在体制、机制上的障碍，繁荣和发展文化市场，满足社会的精神文化需求，实现中原文化资源价值的最大化。具体对策包括：

1）"广销"物质文化资源，提升城市品质

典型遗址及文化景观的复建造价昂贵，为了尽快收回投资成本，往往造成门票贵、游客少的恶性循环。为了改变这一现象，一方面，政府部门应制定相关规定对景区门票实施调控；另一方面，开发商也应转变投资思路，从低碳的角度设计、改进景点特色，比如：运用现代影像技术，制作3D版文物资料展示；拍摄以某一文物古迹为故事背景的电视剧或专题片；编撰图文并茂、通俗易懂的立体的古迹画册；等等。在这里，"产业"

与"事业"的界限不应该过于分明，以建设文化事业的意识来指导文化产业的发展，以发展文化产业的思路来开展文化事业工作，最终的目的就是将现有的文化资源尽可能多地让人们知晓、了解、喜爱，丰富人们的文化生活、开阔眼界、提高修养，从而挤压、边缘已有的低俗、粗陋的文化园区，为社会良好的精神文明建设给予实践支撑，提升中原城市群整体的文化品质。

2）"过滤"社会文化资源，定位城市风格

文化资源是城市历史的活化石，更是一部编年史，它真实地展现城市的文化传承、文脉延续和文明进程。城市的记忆在各种群体性活动中一遍遍被演习，各种民族节庆活动，往往代表了中原城市群的文化风格。比如，前几年拜祖热潮蔓延，各地竞争模仿，盲目攀比，既缺乏文化特色，又污染文化环境。因此，无论是节庆活动还是各种名人故居或与此相关的文化活动都应考虑是否符合该城市的风格，不应盲目一哄而上。在还一份文化底蕴给城市的同时，也可以更加清晰地向世人表明自己城市的定位，从而加强城市营销的辨识度，提高城市形象的美誉度。

3）"涵养"审美文化资源，塑造城市品位

艺术，从来不是靠商业发扬光大的。当今世界是一个由消费欲望主导的社会，任何事物都可以被当作消费的对象。审美文化因能够对社会成员发挥精神教化作用尤其要小心对待。长三角城市群之所以能够自明清以来一直处于全国经济、文化的中心地位，与它不曾间断的江南文化源流有着密切关系。中原文化自宋末以后开始式微，虽是政治中心东移造成的，却也与它逐渐退化的"涵养"功能有关。河南人在数量上居中国前列，人多事多影响大，以致河南形象一度成为反面教材的典型。中原城市群原本拥有丰富且历史悠久的审美文化资源，由于政府与学界的太高"期待"和现实中人均 GDP 的拖后腿，容易造成在城市品位上"眼高手低"的尴尬境地。因此，重拾传统道德文化精髓，建构中原城市精神，在城市化水平相对较高的中原城市群区域内，由政府鼓励、支持民间艺术家从事纯艺术创作，并适当放开对当地文化艺术活动的限制，引导富有传统美德、高雅艺术品位的市民社会的形成，意义重大。

河南省有关领导在河南省十二届人大一次会议报告中指出："2013 年，

河南将编制《华夏历史文明传承创新区规划》，同时加强重大文化遗产地和非物质文化遗产保护，推进丝绸之路、大运河河南段申遗工作，还要建设国家动漫产业基地、大河文化物流园等重大项目。"①

"君子之泽，五世而斩"，中原丰厚的文化资本只有与当代中原城市群的战略定位相合，在保护中整合、重组，在继承中创新、提升，才能推动中原城市群的整体实力向更高更好的方向发展。而中原城市群的文化资源对中原城市群文化城市目标的实现而言，犹如老子之"道"，是根基、是起始。

# 本 章 小 结

本章以中原地区的文化政策为个案研究对象。通过梳理中原城市群的文化资源、文化政策演变过程，指出两者之间存在的关联，即以往的文化政策大都倾向于对历史文化资源的挖掘与保护，缺少对文化产业商业化利用的指导，因此在中原城市群文化资源保开发中存在着物质文化资源开发急功近利、社会文化资源开发唯利是图、审美文化资源开发庸俗雷同等问题，提出要从精神层面与操作层面进一步加强开发利用的建议。

---

① 尚国傲. 河南 2013 年将编制《华夏历史文明传承创新区规划》[EB/OL]. http://henan. sina. com. cn/news/z/2013 - 01 - 21/1351 - 47913. html. [访问时间：2013 - 1 - 21].

# 第七章

# 上海与广州城市文化
# 政策比较研究

## 第一节　上海与广州城市文化
## 政策主要内容比较

现将上海与广州作为中国历史文化名城的代表,进行个案分析,通过系统研究两个城市各自从入选为国家级历史文化名城以来所出台的各类文化政策出发,以文本分析结合比较研究的方式,梳理两个城市的文化政策制定者在近30年中选择的文化发展之路的异同,并为抽样调查分析做好理论准备。

### 一、上海市文化政策发展之路

上海市于1986年入选第二批国家级历史文化名城,研究者一般将其归类为"近代革命史迹型"历史文化名城,是我国近代科技、文化的中心和国际港口城市,是中国共产党的诞生地,有许多近现代重要历史事件和历史人物的事迹,如小刀会起义、上海工人三次武装起义、五卅运动、淞沪抗战等。现存革命遗址有中共一大会址、龙华革命烈士纪念地、孙中山故居、宋庆龄墓、鲁迅墓等;文物古迹有龙华塔、松江方塔、豫园等。近代的各式外国风格建筑在建筑史上也具有重要价值。

　　1986 年上海被列为我国第二批国家级历史文化名城之后，1991 年上海市政府颁布了《上海市优秀近代建筑保护管理办法》，这是中国第一部有关近代建筑保护的地方性政府规章。在此之后，关于上海市文化管理与文化发展的政策规划陆续出台。表 7 - 1 是其中几个比较重要的文化政策的主要内容。

表 7 - 1　上海市历年文化政策主要内容

| 1988 年 11 月《上海市社会文化管理暂行办法》 | 对舞厅（包括舞会、歌舞厅）、音乐茶座（包括卡拉 OK）及其乐队，业余文艺演出，业余艺术教育培训，时装表演等文化艺术和文化娱乐活动以及民间文艺团体进行规范 |
|---|---|
| 1991 年 3 月《上海市图书报刊市场管理条例》 | 图书报刊市场管理 |
| 1991 年 12 月《上海市优秀近代建筑保护管理办法》 | 文物古迹保护 |
| 1992 年 5 月《上海市营业性文化娱乐业管理办法》 | 舞厅（含歌舞厅，下同）、卡拉 OK；茶座、咖啡厅、酒吧和餐厅中的乐队演奏或其他文艺节目表演等活动；康乐球、台球、电子游戏（艺）机；时装表演；文化游乐；与本条第一项至第四项项目相关的文化娱乐大奖赛；市人民政府规定的其他项目的管理 |
| 1993 年 12 月《上海市营业性游戏机娱乐业管理办法》 | 本市经营和参与营业性游戏机（包括游艺机，下同），娱乐项目和活动的管理 |
| 1994 年 7 月《上海市演出市场管理条例》 | 演出市场管理 |
| 1995 年 2 月《上海市文化市场管理办法》 | 上海市文物市场的管理 |
| 1995 年 10 月《上海市文化娱乐市场管理条例》 | 本市开办营业性文化娱乐场所和从事文化娱乐经营活动以及对营业性文化娱乐场所和文化娱乐经营活动的管理 |
| 1997 年 5 月《上海市音像制品管理条例》 | 音像制品管理 |
| 1998 年 1 月《上海市公共文化馆管理办法》 | 本市行政区域内公共文化馆［政府设置，向社会公众开放，组织和指导群众文化活动的公益性文化事业单位，包括市文化馆、区（县）文化馆和街道（乡、镇）文化馆（站）］的设置、使用及其监督管理 |

| | |
|---|---|
| 2001 年 4 月《上海市文物经营管理办法》 | 文物的经营及其管理活动 |
| 2001 年 1 月《2001 年上海市人民政府工作报告》 | 加强对具有历史文化价值的建筑和街坊的保护 |
| 2003 年 1 月《上海市历史文化风貌区和优秀历史建筑保护条例》 | 历史文化风貌区和优秀历史建筑的保护，应当遵循统一规划、分类管理、有效保护、合理利用、利用服从保护的原则 |
| 2003 年 3 月《2003 年上海市人民政府工作报告》 | 加强图书馆、博物馆、档案馆等公益性文化设施建设，努力保护城市历史文化遗产 |
| 2003 年 12 月《上海市城市总体规划（1999—2020 年）中、近期建设行动计划》 | 实施目标：2007 年，建成上海国际文化交流中心，全面提高城市社会文化生活质量。<br>主要任务：① 建设一横一纵"两条文化带""多个文化核心"的文化设施大格局。② 发扬民族文化的优良传统，高水平组织中国上海国际艺术节、上海国际旅游节、服装节、电影电视节等国际性重大文化活动，推动社会主义先进文化的繁荣发展，建设国际文化交流中心。③ 加强图书馆、博物馆、档案馆、文化馆、美术馆、文化广场等群众性文化设施建设，重点建设一批遗址性、专业性博物馆，努力保护城市历史文化遗产。④ 建设一批布局合理、标准化、规范化的社区文化活动中心及居委（村）多功能文化活动室，丰富居民的文化生活。加强对现状历史建筑的普查和认定工作，不断挖掘代表上海不同发展历史时期的历史建筑，进一步将有历史文化价值的风貌区和建筑列入保护范围。加强对历史建筑周边的环境景观保护和建设 |
| 2004 年 1 月《2004 年上海市人民政府工作报告》 | 建立严格的保护制度，切实保护好历史文化风貌区和优秀历史建筑 |
| 2005 年 1 月《2005 年上海市人民政府工作报告》 | 实施严格的保护制度，加强历史文化风貌区和优秀历史建筑保护，努力保护上海历史文化遗产 |
| 2005 年 11 月《上海创意产业发展重点指南》 | 确定上海创意产业发展的五大重点行业，涉及 38 个中类行业，55 个小类行业 |
| 2005 年 12 月《上海创意产业"十一五"发展规划》 | 以涵盖所有产业高端环节的"创意设计"为重点，在研发设计创意、文化传媒创意、建筑设计创意、咨询策划创意、和时尚消费创意五大重点领域内，突出"创意设计"的龙头引领和带动作用 |
| 2006 年 1 月《2006 年上海市人民政府工作报告》 | 保护历史文化街区和建筑 |

| | |
|---|---|
| 2007 年 1 月《2007 年上海市人民政府工作报告》 | 做好城市历史文脉保护工作。更加重视对历史文化风貌区和优秀历史建筑的保护，完善保护体制机制，切实保护好上海历史文化遗产 |
| 2007 年 11 月《关于支持和促进文化产业发展的若干意见》 | 发展文化产业的主要措施：推动国有经营性文化单位改革；逐步放宽市场准入政策；积极整合文化资源；用高新技术提升文化产业竞争力；实施"走出去"的发展战略；扶持发展具有示范性、导向性的重点文化产业项目；加快社会化的现代流通组织建设；抓好文化产业人才培养工作；创造良好的文化市场环境；切实加强知识产权保护工作；加强文化产业理论和政策法规研究 |
| 2007 年 11 月《关于鼓励、支持和引导非公有制经济发展文化产业的意见》 | 进一步放宽市场准入，允许非公有制经济进入法律法规未禁止进入的文化产业领域；大力营造非公有制经济发展文化产业的良好政策环境和市场环境；继续深化文化体制改革，支持非公有制经济参与国有文化单位的重组改造；打破所有制界限，打破地区封锁和部门封锁，坚持非公有制文化企业与国有、集体文化企业同等待遇；进一步转变政府职能，强化服务意识；依法加强对非公有制文化企业的监督，切实改进管理方式；引导非公有制文化企业认真学习党和国家的路线、方针和政策，自觉遵守国家关于文化市场管理的各项政策法规 |
| 2008 年 1 月《2008 年上海市人民政府工作报告》 | 大力保护历史文化风貌区和优秀历史建筑。合理规划和开发利用地下空间。加快北外滩、十六铺和世博会园区等黄浦江两岸重点地区的综合开发。加强苏州河沿岸科学规划和有序开发 |
| 2008 年 6 月《上海市加快创意产业发展的指导意见》 | ① 优化资源配置，促进创意产业集聚发展；② 鼓励自主创新，加大创意研发扶持力度；③ 拓宽销售渠道，积极培育创意产业市场；④ 加强行业管理，构筑创意产业服务体系；⑤ 放宽市场准入，完善创意产业准入机制；⑥ 加强知识产权保护，营造创意产业发展环境；⑦ 加快人才集聚，强化创意产业智力支撑；⑧ 加大资金支持，拓宽创意产业融资渠道；⑨ 加强组织领导，推动创意产业加快发展 |
| 2008 年 6 月《上海市创意产业集聚区认定管理办法（试行）》 | 划定创意产业集聚区的认定条件 |

续表

| | |
|---|---|
| 2009 年 1 月《2009 年上海市人民政府工作报告》 | 加强非物质文化遗产、历史文化风貌区和优秀历史建筑保护，推进苏州河、黄浦江沿岸近现代工业文化遗存开发利用 |
| 2009 年 9 月《关于加快本市文化产业发展的若干意见》 | 为进一步推动上海文化产业又好又快发展提供了强有力的政策支持和制度保障 |
| 2010 年 1 月《2010 年上海市人民政府工作报告》 | 加大历史文化风貌区、优秀历史建筑和非物质文化遗产的保护力度，积极推进苏州河、黄浦江沿岸文化遗存开发利用 |
| 2010 年 7 月《上海市金融支持文化产业发展繁荣的实施意见》 | 加强金融对文化产业发展的支持，推进文化要素整合和资源优化配置 |
| 2011 年 1 月《2011 年上海市人民政府工作报告》 | 在城市更新中充分尊重、珍视城市历史文化，加强历史文化风貌区、优秀历史建筑及非物质文化遗产保护，传承历史文脉，挖掘长期积淀的文化内涵，丰富城市文化精神 |
| 2012 年 1 月《2012 年上海市人民政府工作报告》 | 保护历史文化街区和建筑 |

1986 年 11 月，在中共上海市委宣传部的领导下联合社会各界力量建立的上海文化发展基金会是国内首家地区性（市级）文化类基金组织。基金会以资助高雅文化活动为宗旨，参与上海市文化艺术节、"上海之春"等大型文化交流和演出活动。从 1989 年起，还先后设立了上海文学艺术奖、上海戏剧表演艺术白玉兰奖和上海市中长篇小说创作奖等。类似的官方与半官方的文化组织对于上海的文化发展起到了相当重要的作用。在此之后，越来越多的政策开始关注上海的文化发展。

从 20 世纪 90 年代初开始，上海市政府对于文化发展的关注度就持续高涨。其中，整个 90 年代的文化政策表现出浓重的"经济"味道，出台了许多围绕"文物经营""文化娱乐业市场管理"及"社会文化团体的经营"的政策，这不仅与上海自近代以来就是中国报刊出版业、电影电视演艺业等文化业的摇篮和主要基地有着直接关系，也与 90 年代起上海向"一个龙头，三个中心"战略地位的迈进有密切联系。但由于时代因素，一些涉及文化产业的政策，如《音像制品管理条例》《营业性演出管理条例》等又对外资、民营资本进入基础性文化产业领域设置了诸多限制条件，社会力量尤其是民营资本很难真正调动起来。

这一时期，上海集中了大量资金用于城市基础设施建设。据统计，从 1991—1999 年城市建设投资平均每年增长 35.9%。<sup>①</sup> 对城市基础设施的高强度投入、大规模推进，迅速改变了上海的城市面貌。1999 年，上海建成了浦东国际机场、延安高架路中段、逸仙高架路、南京路步行街、国际会议中心等 27 个重大工程。不言而喻的是，这期间整个上海的古建筑都面临了一场生死大淘沙。因此，到 21 世纪初，上海市政府意识到文化遗产对于上海的宝贵价值，开始将更大的政策重心偏移到文物保护的力度上来。21 世纪前 10 年，上海市政府历年工作报告中都着重强调要加强对历史文化风貌区、优秀历史建筑及非物质文化遗产保护，但是经济效益追求的大趋势是无法立即停止的，致使这些政策的颁布并不能对文物保护起到立竿见影的效果。比如，虽然在 2003 年，上海颁布实施《上海市历史文化风貌区和优秀历史建筑保护条例》，但对于违反此条例的行为也只是罚款了事。社会上无视文物保护条例、强拆文物古迹的事件总是层出不穷，如："2004 年上海一家房地产公司就因擅自拆除市级优秀历史建筑，被处以 210 万元罚款"<sup>②</sup>；2012 年，被叫停了的"不可移动文物"沈宅在"一夜之间被夷为平地"<sup>③</sup>。

另一方面，由于一系列文物古迹保护条例的出台，上海也曾出现了"古镇规划热"。阮仪三曾指出："在上海的古镇开发中，也有一批很有文化价值的文物在推土机的轰鸣中变为瓦砾，代之以一个个仿明清时代的、毫无个性的建筑物。"<sup>④</sup> 练塘古镇、七宝老街、朱家角、豫园、枫泾古镇和新场古镇都是在 1991 年被上海市人民政府列为首批上海历史文化名镇的沪上知名古镇，也一直是上海旅游业非常重要的景点。但是，其中 2004 年重新规划的新场古镇人气不旺，2008 启动修复改造的浦江镇召稼楼古镇没有"特色"，令人遗憾。前者的冷寂大概是由于地理位置不便，且一直以来未

---

① 20 世纪 90 年代的上海建筑［EB/OL］. http://cn.chinaculture.org/.［访问时间：2012-2-23］.

② 上海：旧城改造拆迁和房地产开发中加强文物保护［N］. 解放日报，2004-10-26.

③ 上海不可移动文物沈宅拆迁被叫停后遭夷为平地［EB/OL］. http://news.163.com/12/1019/09/8E607TLJ0001124J.html.［访问时间：2012-10-19］.

④ 田晓余. 古镇开发 不能建假古董［N］. 解放日报，2003-5-18.

有大的宣传手笔出现；而后者占据地理优势却仍没收获好口碑，则可能更多的是出于太过雷同"七宝古镇"，无论景观设计还是文化品牌推广都无创意。

2005 年 1 月 8 日，上海创意产业中心正式挂牌运行。这是一个经上海市经济委员会、上海市社团局批准设立，专门从事推动上海创意产业发展的民办非企业单位。自此以后，上海市政府开始从政策上引导市场大力推动文化创意产业发展，并制订了到 2010 年有"百家创意园区"的发展目标，促进了上海市文化创意产业的发展。但是，2007 年全国其他城市也都开始大力倡导建文化创意产业园区，上海市却突然宣布暂停"冲百"目标，并将 4 家文化创意产业园区摘牌，对整个文化市场进行大力整顿，出台了一系列的政策规章规范约束文化市场，体现出上海意欲树立行业标杆的目标。这一次政策调整对确立上海文化创意产业在全国领先的产业地位具有重要意义。

在国家"十一五"规划纲要发布之后，上海市政府出台了《上海市文化科技创意产业基地文化科技创意企业（机构）认定办法（试行）》《上海创意产业十一五规划》《上海文化产业十一五规划》等一系列政策文件，确定了包含研发设计创意、文化传媒创意、建筑设计创意、咨询策划创意和时尚消费创意等上海市"十一五"创意产业五大类发展重点项目，直接促进了上海文化创意产业的高速发展。上海创意产业中心统计显示："2005—2007 年，上海分四批成立了 75 家创意产业集聚区，吸引了大约 3 000 家左右企业入驻。创意产业的增加值为 549.4 亿元，占当年全市 GDP 的 6.0%（其中，研发设计创意 240.8 亿元、文化传媒创意 49.4 亿元、建筑设计创意 98.7 亿元、咨询策划创意 136.8 亿元、时尚消费创意 23.6 亿元）。2006 年，上海创意产业的增加值达到 674 亿元，同比增长 22.8%，占全市 GDP 的 6.5%。'创意经济之父'英国学者约翰·霍金斯曾统计，全世界创意产业当前以 5% 左右的速度递增，中国已是世界第三大创意产业出口国，而上海已成为中国创意产业发展最为迅速的城市之一。"①

---

① 厉无畏．创意产业导论［M］．上海：学林出版社，2006.

### 二、广州市文化政策发展之路

广州市于 1982 年入选第一批国家级历史文化名城，一般将其归类为"近代史迹型"历史文化名城，著名史迹有黄埔军校旧址、中山纪念堂、沙面建筑群、白云山风景区、广州起义烈士陵园、黄花岗七十二烈士墓、陈家祠、镇海楼、南越王墓等。

表 7-2　广州市历年文化政策主要内容

| | |
|---|---|
| 1991 年 2 月《广州市社会文化市场管理暂行条例》 | 对本市以商品形式进入广州地区流通领域的精神产品和文化娱乐经营活动的管理 |
| 1991 年 9 月《关于外地文化、艺术、影视单位在广州市设立办事机构的若干规定》 | 加强外地驻广州的文化、艺术、影视单位的管理，做好外地与广州市的文化交流，推动广州文化事业的繁荣，现就外地文化、艺术、影视单位在广州设立办事机构的有关问题规定 |
| 1992 年 1 月《关于确定沙面地区为广州市文物保护区的通知》 | 将沙面地区列为广州市文物保护区 |
| 1994 年 11 月《广州市文物保护管理规定》 | 文物保护 |
| 1996 年 6 月《广州市文物监管物品经营管理办法》 | 文物监管 |
| 1999 年 3 月《广州历史文化名城保护条例》 | 广州历史文化名城保护 |
| 2000 年 4 月《政府工作报告》 | 充分利用广州历史文化遗迹、自然风光、岭南风俗民情、食在广州、城市景观等旅游资源，发展城市旅游文化；提高城市设计水平，突出城市文化内涵，注重山水城市特色和岭南历史文化传统 |
| 2000 年 12 月《关于公布广州市第一批历史文化保护区的通知》 | 广州市第一批历史文化保护区 |
| 2001 年 2 月《广州市人民政府工作报告》 | 加强文化建设，发展具有民族优秀文化传统和岭南地方特色，融合世界先进文化的现代化中心城市文化体系；在城市建设方面，展现广州城市文化特色；深挖旅游文化内涵；做好重点文物和名城保护工作 |
| 2002 年 1 月《广州地区博物馆纪念馆事业"十五"发展规划》 | 发展广州地区博物馆纪念馆事业 |

续表

| | |
|---|---|
| 2002 年 3 月《广州市人民政府工作报告》 | 突出旅游业的文化品位，强化"花城、商都、岭南文化名城"的旅游形象；推进历史文化保护区规划工作和考古发掘、文物保护及展览工作，有效扩大历史文化名城效应 |
| 2002 年 6 月《广州市文化发展"十五"计划》 | 深入挖掘整合丰富的历史文化资源，打造若干项最优佳代表广州形象的文化品牌；使广州成为全国重要的文化产业基地，成为华南地区文化艺术中心和国际文化交流中心，塑造文化广州的新形象 |
| 2002 年 6 月《广州市"十五"期间历史文化名城保护规划》 | 广州市"十五"期间历史文化名城保护 |
| 2003 年 3 月《广州市人民政府工作报告》 | 精心打造经济中心、文化名城和山水之都；巩固和发展文化公益事业，搞好文化设施建设。实施精品战略，推动文化创新，培育壮大文化产业，做好历史文化名城和文物保护利用工作 |
| 2003 年 3 月《关于公布保护广州市第四批古树名木的通知》 | 广州市第四批古树名木保护 |
| 2003 年 2 月《关于广州市加快文化事业发展若干政策的意见》 | 建立多元有效的文化公益事业投入机制。大力发展文化产业。加快文化基础设施建设 |
| 2004 年 3 月《广州市人民政府工作报告》 | 充分发掘历史文化资源和生态资源，丰富都市旅游产品，打造具有广州特色的旅游品牌；积极构建现代化大都市文化体系；做好历史文化名城和文物保护利用以及文史、地方志工作 |
| 2004 年 8 月《关于实施长洲岛历史文化保护区控制性详细规划的通告》 | 长洲岛历史文化保护区控制性详细规划 |
| 2004 年 8 月《广州新闻出版广播电视业 2003—2010 年发展规划》 | 新闻出版广播电视业发展现状、问题与目标 |
| 2004 年 12 月《广州市文化建设规划纲要（2004—2009 年）》 | 繁荣发展文化艺术；加强历史文化名城建设和保护；确保各项文化经济政策落实到位 |
| 2005 年 3 月《广州市人民政府工作报告》 | 积极发展文化体育事业。继续深化文化体制改革，调整优化文化艺术资源，推动文化与经济的融合。做好历史文化资源利用、保护工作，完成第四次文物保护普查及成果汇编。推进以社区、乡镇为重点的基层文化建设。加快发展文化产业，规范和繁荣文化市场。抓好文艺精品创作，办好中国音乐"金钟奖"等重大文化活动 |

续表

| | |
|---|---|
| 2005 年 11 月《广州市科学技术局、广州市新闻出版和广播电视局关于印发〈关于加快发展广州网络游戏动漫产业的指导意见〉的通知》 | 产业规模目标：全市网游动漫产业年均保持 45% 左右的增长，到 2010 年产值达到约 70 亿元，形成产业链完整的网游动漫产业集群 |
| 2006 年 2 月《关于实施新河浦历史文化保护区保护规划的通告》 | 新河浦历史文化保护区保护 |
| 2006 年 2 月《关于实施华侨新村历史文化保护区保护规划的通告》 | 华侨新村历史文化保护区保护 |
| 2006 年 2 月《关于实施农林上路历史文化保护区保护规划的通告》 | 农林上路历史文化保护区保护 |
| 2006 年 3 月《广州市人民政府工作报告》 | 强化文化名城建设；办好广州国际艺术博览会、广州民俗文化艺术节等大型文化活动；抓好南越王宫署遗址博物馆、辛亥革命纪念馆、中共"三大"旧址纪念馆等历史文化设施和广州歌剧院、广州新图书馆、广州电视塔等现代文化设施建设；做好历史文化遗产的保护和科学利用 |
| 2006 年 10 月《广州市关于加快软件和动漫产业发展的意见》 | 研究制定软件产业发展激励政策；切实抓好软件和动漫人才的培养、培训和引进；做强做大一批软件和动漫企业；加快完善软件和动漫产业技术创新体系；集中有限资源，选择重点领域优先发展；加快建设好软件产业园区；加强对软件和动漫市场的引导和规范；推动软件出口和服务外包；加强对外宣传、招商和国际交流合作 |
| 2007 年 1 月《广州市人民政府工作报告》 | 强化"经济中心、国际都会、创业之都、文化名城、生态城市、和谐社会"建设；加强和谐文化和精神文明建设；继续抓紧建设和修缮一批现代文化和历史文化设施，发展文物保护和博物馆事业 |
| 2007 年 7 月《广州市国民经济和社会发展十一五规划纲要》 | 全面繁荣文化事业：繁荣哲学社会科学，鼓励发展大众传媒，保护历史文化资源（加强文物保护和利用，发掘整理非物质文化遗产），加强基层文化建设，扩大对外文化交流<br>加快发展文化产业：改革文化管理体制，壮大文化主导产业，培育文化产业集团<br>提升城市文化品位：建设标志性文化设施，构筑都市景观体系（精心打造城市景观带，构建和谐美观夜景体系），发展城市文化品牌（继续实施文化精品战略，办好高层次文化盛会） |

| | |
|---|---|
| 2007 年 7 月《广州市国民经济和社会发展十一五规划纲要》 | 加强精神文明建设；塑造新时期广州人精神，加强青少年思想道德建设，全力创建全国文明城市 |
| 2007 年 8 月《广州市文化发展十一五规划》 | 繁荣文化事业，发展文化产业，提高城市文化竞争能力和综合实力，把广州建成文化基础设施完备、文化创新能力强、文化产业程度高、文化生态环境良好、文化消费市场活跃、文化品位高、具有广州个性魅力和国际一流水准的能够带动全省、辐射华南、影响东南亚的文化名城和华南地区文化中心 |
| 2007 年 12 月《广州市南越国遗迹保护规定》 | 南越国遗迹保护 |
| 2008 年 2 月《广州市人民政府工作报告》 | 加强文化建设；加强对文物和非物质文化遗产的保护和利用，进一步彰显历史文化名城风采 |
| 2008 年 4 月《中共广州市委广州市人民政府关于继续解放思想深化文化体制改革推动文化事业和文化产业加快发展的决定》 | 过继续解放思想、深化文化体制改革，形成调控适度、运行有序、促进发展的宏观文化管理体制，实现党委统一领导、政府依法管理、行业严格自律、企事业单位依法运营的有机统一；形成富有效率与活力的文化生产和服务的微观运行机制，文化事业单位活力充分激发，文化企业的竞争力明显提高；形成布局合理、设施先进、功能完善的覆盖城乡基层的公共文化服务体系，公共文化产品生产和服务的能力不断增强，人民群众基本文化权益得到更好保障；形成统一、开放、竞争、有序的现代市场体系，更大程度地发挥市场在文化资源配置中的基础性作用；形成布局科学、结构优化、所有制结构合理的文化产业格局，文化产业成为全市新的经济增长点和支柱产业；形成有利于出精品、出人才、出效益的文化发展环境，增强文化引领功能，使广州成为带动全省、辐射华南、影响东南亚的文化名城和区域文化中心 |
| 2009 年 2 月《广州市人民政府工作报告》 | 策划推出广州岭南古城历史文化之旅，打造广府文化生态旅游黄金线路；努力提升文化软实力，大众优秀文化品牌；加强对历史文化资源的挖掘、保护和开发利用工作，积极推进广州海上丝绸之路文化遗址申报世界遗产 |
| 2009 年 4 月《广州市加快公共文化服务体系建设实施意见》 | 2009 年基本实现城乡公共文化基础设施全覆盖，建成城市"10 分钟文化圈"、农村"十里文化圈"。到 2010 年基本建成布局合理、设施先进、功能完善、覆盖城乡的公共文化服务体系，基本具备较强的公共文化产品和服务供给能力，基本 |

续表

| | |
|---|---|
| 2009 年 4 月《广州市加快公共文化服务体系建设实施意见》 | 形成以政府投入为主、社会力量积极参与的公共文化服务投入机制，较好地保障人民群众基本文化权益，为 2020 年形成服务优质、覆盖全社会的公共文化服务体系打下坚实基础 |
| 2009 年 4 月《关于公布广州市第二批市级非物质文化遗产名录的通知》 | 广州市第二批市级非物质文化遗产名录 |
| 2009 年 6 月《关于公布实施广东省文物保护单位清真先贤古墓保护规划的通告》 | 清真先贤古墓保护 |
| 2010 年 1 月《广州市人民政府办公厅关于加快会展业发展的若干意见》 | 产业规模逐步扩大：力争未来 5 年—10 年，会展业年均增加值增速高于全市第三产业 GDP 增速，会展场次和面积、经营收入、从业人员等主要指标位居亚洲前列，会展业成为全市现代服务业的支柱产业之一<br>服务功能不断完善：建立健全加快会展业发展政策框架和服务体系，会展场馆功能设施更加完善，配套设施更加完备，会展市场运行机制更加健全，行业管理和行业服务更加规范有效<br>发展质量显著提升：集聚一批具有较强市场运作能力和开拓能力、管理和服务水平与国际接轨的会展龙头企业，形成一批优质配套服务企业，培育一批国内外知名的会展品牌，打造一批为珠三角产业优化升级的会展服务平台，把广州建设成为亚洲会展名城和国际商务会展中心城市 |
| 2010 年 2 月《关于实施南越国宫署遗址保护总体规划的通告》 | 南越国宫署遗址保护 |
| 2010 年 4 月《广州市人民政府工作报告》 | 亚运文化旅游；大力繁荣文化事业；重视文物和非物质文化遗产的发掘、保护和传承 |
| 2011 年 2 月《广州建设文化强市培育世界文化名城规划纲要（2011—2020 年）》 | ① 建立和完善具有时代特征和实践特色的社会主义核心价值体系，全面提升全民思想道德文化素质和城市文明程度，培育现代城市人文精神，跨入全国文明城市行列；② 建设共有精神家园；③ 完善公共文化服务体系；④ 促进文化产业跨越发展；⑤ 打造城市文化形象；⑥ 推动城市文化传播；⑦ 构筑文化人才高地 |
| 2011 年 2 月《广州市人民政府工作报告》 | 建设世界文化名城；全面提升城市文化软实力，深入挖掘和整合历史文化资源，开发和利用好亚运文化遗产，加强非物质文化遗产保护；积极开发后亚运旅游产品，推进北京路广府文化和西关商贸文化旅游产业带建设，打造旅游新品牌 |

| 2011 年 6 月《关于公布广州市第三批市级非物质文化遗产名录的通知》 | 广州市第三批市级非物质文化遗产名录 |
| --- | --- |
| 2012 年 1 月《广州市人民政府工作报告》 | 以弘扬岭南文化为核心，建设开放、包容、多元的世界文化名城；注重增强文化软实力。实施文化引领工程，深化文化体制改革，弘扬岭南文化，保护利用历史文化遗产，繁荣文化事业，做强文化产业，打造广州风格的城市名片；完成市级重要景观街区、道路、节点的规划编制，深化历史文化名城保护 |

自 1982 年公布为国家级历史文化名城到 20 世纪 90 年代末期，广州逐步建立了比较完整的名城保护理念和法规、管理体系，这段时期刚好处于中国快速城市化的过程中，发展经济成为城市发展的重心。广州对历史文化名城的保护工作也有一个提高认识的过程。广州对城市文化建设的规划起步较早，自 1986 年以来，广州先后举办了 6 次文化发展战略研讨会，针对社会不同时期的发展目标，制定相匹配的文化建设任务，形成了《广州文化发展战略纲要》及相关规划。

1998 年以来，广州市逐步建立了由广州市历史文化名城保护委员会、广州市国家历史文化名城办公室等政府机构和广州历史文化名城研究会、广州古都学会等群众性团体相结合的管理体系，保护机制不断完善。1999 年 3 月 1 日施行的《广州历史文化名城保护条例》，标志着广州市的历史文化名城保护工作进入了一个有法可依的阶段，之后的《南越国宫署遗址保护规定》、修订版的《广州文物保护管理规定》及《广州市优秀历史建筑和历史文化风貌区保护办法》都是具体的政策指导。在广州市的文化发展方面，出现了以《广州日报》为标志的报业集团、以北广传媒为标志的传媒集团以及众多文化制造业、文化服务业、各类演艺公司、广告公司等文化企业。为了促进这些文化企业的发展，广州各级政府部门便开始有意识地出台各种"产业政策"。但整体来看，这个阶段的政策基调还主要以规范为主。

2000 年以来，广州历史名城保护的管理机制越来越健全，政府在历史名城保护方面的投入也越来越大，广州人历史文化保护的意识不断增强，广州历史文化方面的"建设性破坏"也大幅度减少。种种现象表明，文化已经成为展示社会综合实力不可或缺的部分。但与广州的功能定位一直游离不定一样，切合广州实际的文化建设的目标是直到 20 世纪 90 年代的中后期才明晰起来的。

2010 年，广东省作出了从"文化大省"向"文化强省"的战略转移。在国家及省政府的积极号召下，广州市各级政府集中出台了一系列加快文化体制改革和鼓励各种经济成分共同发展文化创意产业的相关政策，这些政策基调变为以鼓励为主。从"规范"到"鼓励"，是广州市城市文化政策为适应社会文化发展需要、配合城市经济增长方式转变及和谐社会建设的现实需要而做出的改变。

### 三、上海与广州文化政策侧重点异同分析

广州文化是岭南文化最重要的组成部分，一直拥有多元化的传统。早在秦汉时期，百越文化就开始了与中原文化的融会，唐宋时，从这里出发的海上丝绸之路与西亚、中东以至欧洲进行物质和文化交流；延绵至近代，广州又成为近现代革命的策源地，最早接受欧风美雨的洗礼。与此同时，广州文化建设中的观念更新呈现出几大特点："一是观念的更新先行一步与社会的各种的改革措施相配套；二是灵活多变。这与历史上所形成的岭南文化兼容并蓄的特质有关；三是求新求变的'观念文化'能够转变为社会改革的行为依据。"[①] 事实上，广州社会已形成这样的共识：信息技术改变了以往的文化生产方式和文化消费方式。文化是可供消费、娱乐的，可以走向大众化、商业化和市场化。同时，文化的改变是微妙的、复杂的，中国传统文化中强调的"道德型"文化与"政治型"文化已不能全面反映大众的需求，不符合商品经济的发展要求。作为文化结构中的最深层的观念文化，已处于更进一步的调整时期。"在改革开放政策的引导下，文化的多元发展更是必然的。具体表现为：文化政策的多元性导向；不同层次的文化设施的建设；多元、自主的文化消费方式的选择；不同的文化

---

① 周翠玲.广州文化结构问题分析 ［J］.探求，2002（1）.

价值评判标准的出现：主流、次主流以及边缘文化体系的同期出现、存在和发展创新。"①

而上海文化是江南文化在近代的创新性流派，江南文化也是上海最重要的历史文化资源与文化生产背景。近代以来的海派文化，虽然与作为中国古代主流文化的中原文化也有巨大差异，但它比传统江南文化更远地脱离了儒家文化的理性与伦理要求。"像所有的现代国际都市一样，尽管上海本身并不直接生产各种人力资源，但它所提供的各种现代性'物质条件'与'精神基础'，使之在中国现代人力资源的重新配置中成为最大的受益者。"② 刘士林认为："上海文化发展的关键问题不是缺失文化资源，而是缺乏明确的文化发展主题，很难把自己的资源集聚起来形成发展的优势。城市的文化主题是对于城市个性和文化的概括，是一种最深刻、最持久、最核心的竞争要素。一个成功的城市必须拥有一个极其鲜明的城市文化主题作为坐标和轴心。"③

"从古典经济增长理论到现代经济增长理论，都认为决定经济增长的主要因素包括资本、劳动、技术和制度。这些理论尽管看到了技术、制度等因素的重要作用，但未明确将文化资源视作一种能对经济社会发展起重大作用的资源，往往说资源就是指自然资源。"④ 按照这种理论，经济发展由资本、劳动力、自然资源、人力资本决定，从这些方面来看，广州的资本存量水平不见得比上海低，劳动力、人力资源和自然资源都与上海不相上下，但是两者之间的经济实力还是有着明显差距。那么造成这种经济差距一定还有其他原因。笔者认为，广州与上海产生这种差距的主要原因就在于两地文化政策重心的差异。

广州与上海在城市发展历史、现实机遇与困境上有着众多的相似之处，因此在城市文化政策的目标指示上也有许多相同之处。如都有对历史文化名城的保护要求，都有对文化产业的鼓励政策等。

区别之处在于：广州的城市文化政策更强调文化遗产保护，促进发展

①　周翠玲．广州文化结构问题分析［J］．探求，2002（1）．
②　刘士林．江南都市文化的历史源流及现代阐释论纲［J］．学术月刊，2005（8）．
③　刘士林．应防止文化建设"罗马化"［N］．天天新报，2012-3-13.
④　李锦宏、陈越．区域经济发展中区域文化的影响机制分析——兼论区域文化与区域竞争力的逻辑关系［J］．新西部，2008（4）．

旅游业及规范监管文化产业；而上海的城市文化政策更强调对文化市场的监管，强调公共文化设施建设、金融对创意产业的支持。这样的差别，导致了上海的文化创业环境比起广州来说，更有政策机制的保障性，而广州的传统文化保护效果比上海更有成效。下面，我们将通过实证研究的方式来论证这一论点。

## 第二节　上海与广州城市文化政策对和谐社会建设贡献度调查研究

### 一、调查报告

根据前文的数据与理论分析，本节将针对政策内容的传播及实施效果进行问卷调查分析，研究上海与广州文化政策传播及实施效果的直观感受。本调研首先设计针对上海市与广州市的文化政策相关内容各一份问卷，再遴选出对被调研城市有所了解的受访者（一般是曾经或目前居住在该城市的人），然后通过街头分发、网络调研、电子邮件调研、当面访谈等方式进行问卷收集，从 2013 年 3 月 7 日—2014 年 2 月 1 日共收集到 997 份有效问卷，其中有关上海的问卷收回 506 份、有关广州的问卷收回 491 份。虽然这样的小范围调研对于两座合计近 4 000 万常住人口的城市来说，其结果的精确度较难得到有力支持，但是通过这样的小样本调研，做出的探索性研究，可能会有较直观、可供类推的发现。相信这样的研究结果应该具有一定的价值。

具体分析如下：

#### 1. 受访者基本信息分析

从图 7-1 与图 7-2 中可以看出，23—39 岁的人群是此次调研的主要受访对象，且大多具有大学（专科及本科）学历，这与 1999 年起我国高校扩招政策的实施有着直接的关系。从所在行业来看，第三产业从业人数占绝大多数。这样的抽样结果对本研究更加有利。因为这一年龄段与层次的

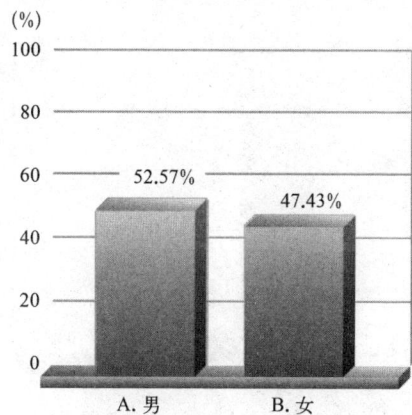

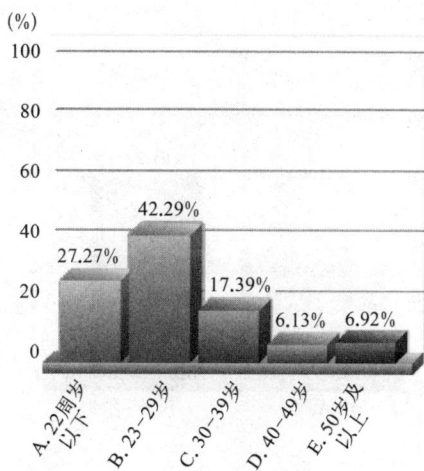

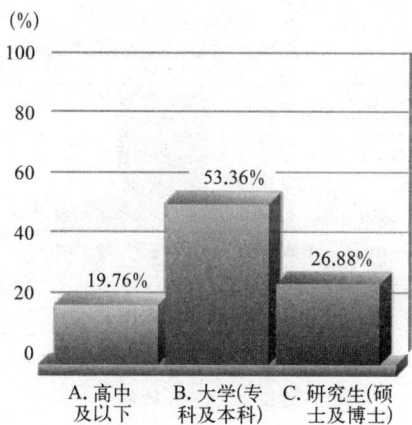

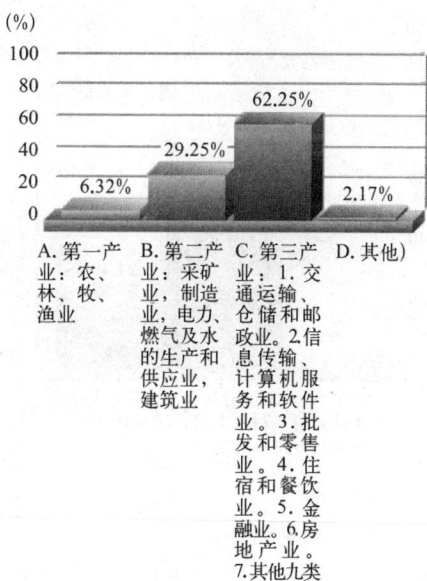

图 7 - 1　上海市受访者基本信息

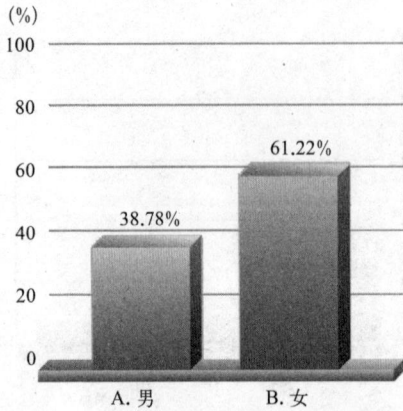

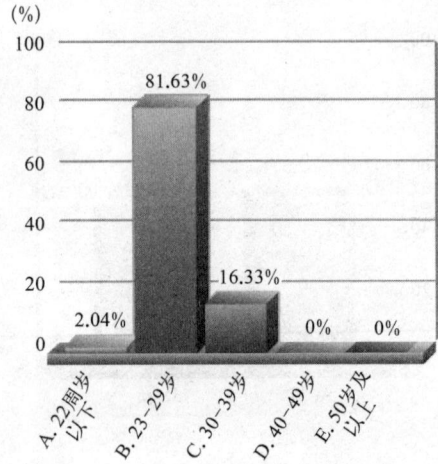

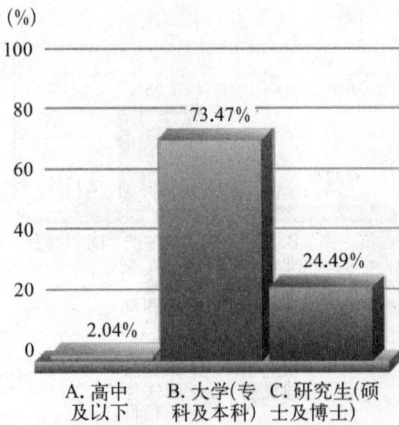

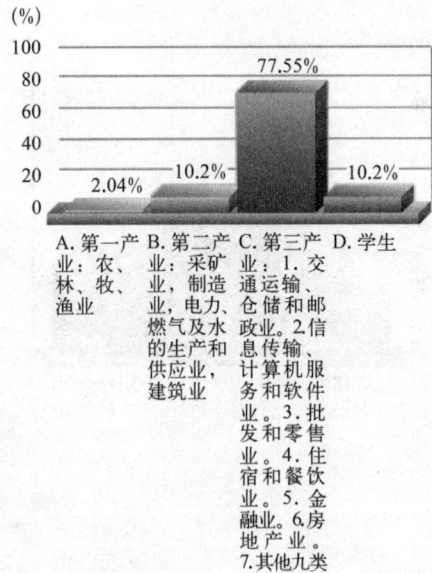

图 7-2 广州市受访者基本信息

人群属于社会中坚力量，对城市发展的关注度更高、对文化消费的需求更旺盛，比较容易切入我们的调查主题。

2. 对上海/广州"历史文化名城"品牌的知晓率的考察

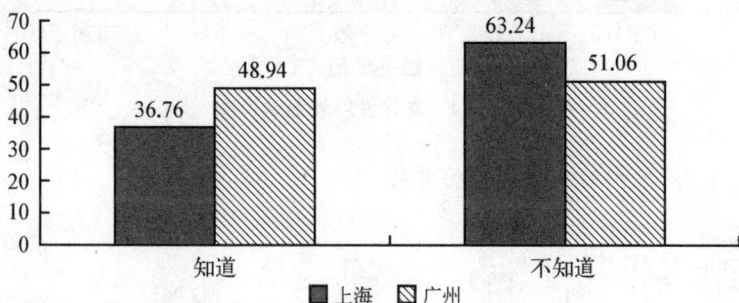

图 7 - 3　"历史文化名城"品牌知晓度

此题直接考察两市市民是否知道上海/广州是国家级历史文化名城。

虽然两市政府近年来都提出了建设文化大都市之类的口号，但在问卷调查中，仍有 63.24％的受访者不知道上海是国家级历史文化名城，甚至说完全不知道何为历史文化名城；而广州作为首批国家历史文化名城，也有 51.06％％的受访者表示不知道广州市的这一荣誉，虽然这与广州更早入选有关，也与广州较之上海具有更漫长久远的文化史有关。但两者都没有过半的知晓率，恰恰说明两市政府对"历史文化名城"这张形象牌的宣传推广很不到位，其制定的文化政策或规划中虽然多次提出保护名城文化等内容，但至少在宣传方面并没有充分体现出历史文化名城的特色。

3. 上海/广州当前文化发展状况的认可度的考察

在如何评价两市当前的文化发展状况一题时，均有过半的受访者对两市当前的文化发展持积极态度，这表明从直观感受来看，市民对上海与广州近年来的文化发展还是比较乐观的，这与两市经济飞速发展带动的文化发展不无关系。但是不可否认，持否定态度的也有一部分，特别是广州市，认为广州文化发展不好的比例是上海的近 3 倍之多，这需要引起我们的思考。

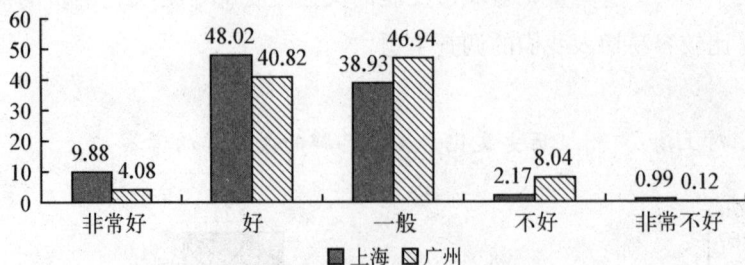

图7-4　文化发展状况认可度

4. 上海/广州的文化强项的考察

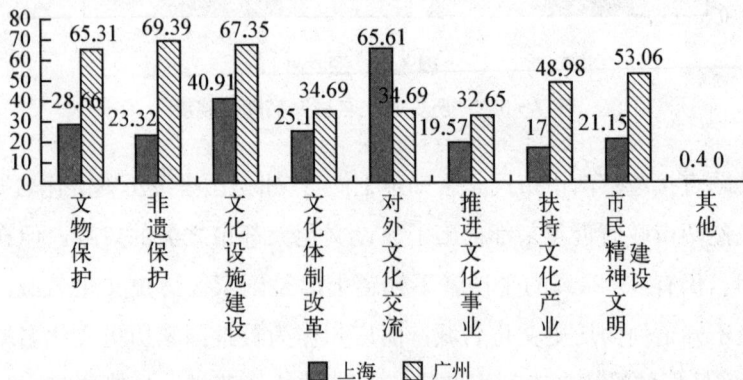

图7-5　文化强项

　　具体到哪一方面的文化发展较突出时，我们发现，文化设施建设与对外文化交流方面的努力是上海目前较突出的地方，但这一成绩可能与上海较强的经济水平和长期的开放精神更加有关，而并不一定与颁布的文化政策有关。与此同时，广州的公共文化设施建设、非物质文化遗产保护与文物保护工作则更加完善，均有超过65%的受访者认为广州的文化政策中关注到了这些内容。

　　据表7-3统计，在市级文物保护单位数量上上海一直远远多于广州，可见，上海市政府对于文物保护的意识一直以来比较强烈；但是在国家级的文物保护单位数量来看，广州直到2000年左右才被上海赶超，这一方面与两者进入国家历史文化名城名录的时间有关，另一方面也与文物的保护效果有密切联系。

表7-3　上海与广州文物单位数量变化

| 文物级别 | 年份<br>城市 | 1978 | 1983 | 1988 | 1993 | 1998 | 2003 | 2008 | 2013 |
|---|---|---|---|---|---|---|---|---|---|
| 市级文物<br>保护单位<br>数量 | 上海 | 26 | 41 | 63 | 131 | 129 | 133 | 133 | 133 |
| | 广州 | 10 | 14 | 15 | 26 | 26 | 41 | 41 | 41 |
| 国家级<br>文物保护<br>单位数量 | 上海 | 0 | 1 | 4 | 4 | 19 | 21 | 24 | 33 |
| | 广州 | 5 | 6 | 11 | 11 | 16 | 19 | 19 | 19 |

　　两者比较，有一个现象值得关注：同为历史文化名城，都有相关的文物保护类政策规划，但是在考察"文化古迹或有特色的传统建筑的保护力度如何？"时，有30.04％的人认为上海的文化古迹或有特色的传统建筑保护得很好，广州则为45.23％。上海有57.31％的人认为保护力度一般，说明上海市至少在执行文物保护政策方面的能力比起广州还有较大差距。

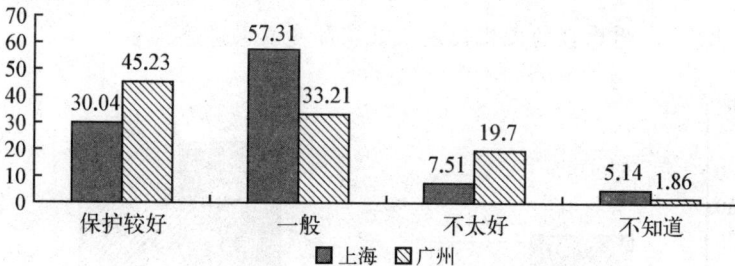

图7-6　文物保护力度

　　5.促进上海/广州文化发展的最有效途径

　　与专家们在各类会议、论文中的论断不同，政策、资金并不是影响城市文化发展的最主要的因素。近半数的受访者认为促进城市文化发展最核心的动力是"提高民众素质"。换句话说，即可以理解为，从"需求侧"推进"供给侧"改革，这是更加贴近文化发展内涵的一种认识。由于城市文化的发展不同于其他方面，仅仅依靠政策引导、财政投入，而没有市民

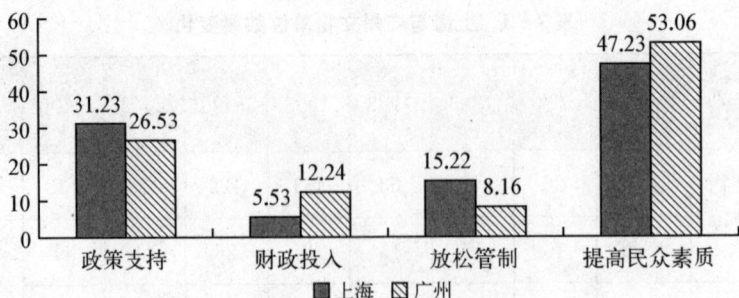

图 7-7　文化发展的最有效途径

精神的培养、市民文化创造、文化传播、文化消费的动力，只能是"死"的文化。必须认识到这一点。我们也应该意识到，在目前诸多的文化政策中，政策的制定者们依旧将最大的精力放在制度改革上，这样的行为可能已经不适应社会的需求。制度改革确实需要，但是市民素质的提高，靠制度规范不会是最恰当的方式，靠经济刺激更加不可行。当然，政策对于文化发展的促进作用也是存在的，分别有 31.23%（上海）和 26.53%（广州）的受访者指出这是仅次于民众素质的影响因素。

6. 上海/广州出台的文化优惠政策实际受益面考察

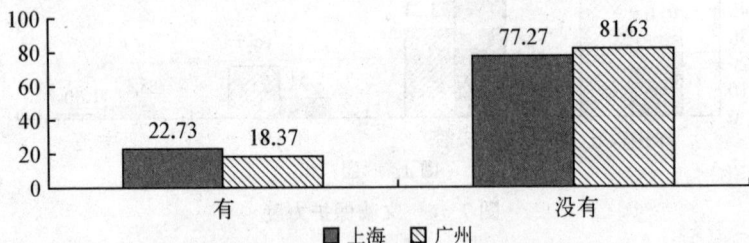

图 7-8　文化优惠政策受益面

上海/广州出台了一系列促进文化产业发展的政策，其中有关于财政补贴、政策放宽、人才引进方面的优惠政策。由于我们选择的调研样本是随机抽取的，大部分受访者并不从事文化产业工作，故此处的调研数据只能作为一种参考。约 1/5 的受访者表示接受过此类优惠政策，这样的数值在当时不能算太小。近年来，为拉动城乡居民文化消费，国家有关部门给了部分城市特定的优惠和扶持政策，如"截至 2018 年 6 月，全国 45 个文化消费试点城市，共有 4 亿人次参与试点工作，享受到了相应优惠，累计拉动文化消费约 1 100 亿元"。① 可见，这方面的文化政策支持是容易出效果的。

7. 公共文化服务设施实际普及率

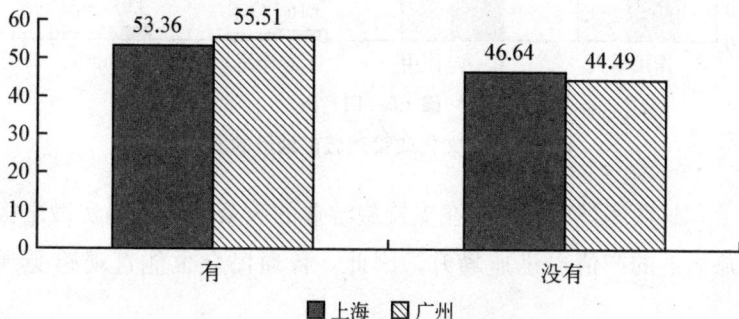

**图 7 - 9 公共文化服务设施普及率**

此题考查在受访者居住环境周围有否公共文化设施。有研究表示："从总体上看，上海市公共文化服务发展水平较高，公共文化设施分布相对密集，但在空间分布格局上呈现出相对不均衡性。"② 这是中国城市化进程中普遍存在的"城乡差距大"现象，由此也就可以解释为何两市在公共文化设施建设上的成绩虽然已经得到了相当大的肯定，但是受访者中近一半人数仍表示没有享受到这样的设施。那么，在今后的政策制定中，文化政策的制定者们应该更加多地从"协调发展"的角度出发，将公共文化设施的设置合理布局，提高其使用率，惠及更多群众。

8. 文化政策对于城市经济影响的直观感受考察

文化政策对于旅游业的促进作用得到了普遍的肯定。保护历史文化风貌的相关政策对促进上海/广州旅游业的作用受到大部分受访者的肯定。

① 文化惠民让百姓共享文化"盛宴"[N]. 光明日报，2019 - 02 - 15.
② 田冬迪、芮建勋、陈能. 上海市公共文化设施数量特征与空间格局研究 [J]. 规划师，2011（11）.

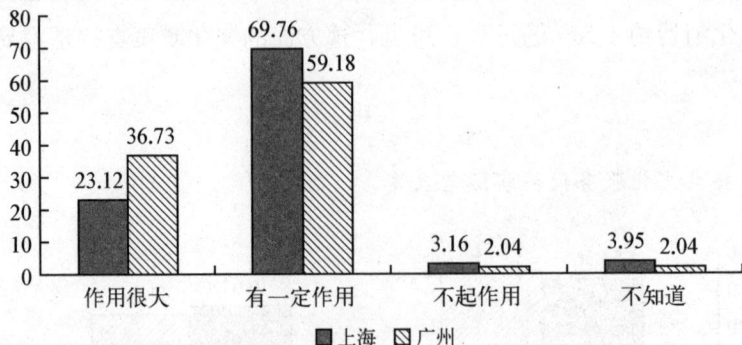

图 7 - 10　文化政策对城市经济的影响

而事实上，这两座城市近年来在支持旅游业的政策规划上确实做出很多努
力，其旅游业的产值也迅速攀升，因此，普通民众也能直观感受到此中
变化。

9. 公共文化活动的参与度

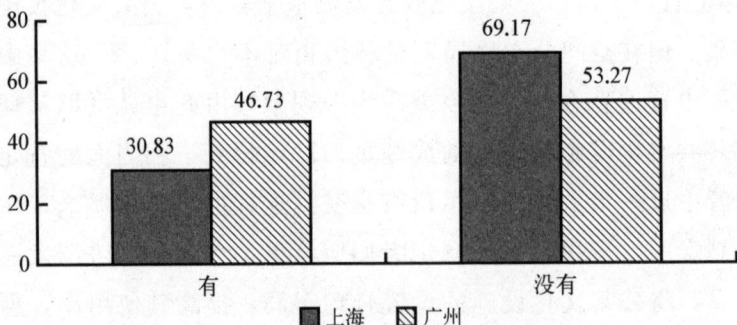

图 7 - 11　公共文化活动参与度

此题考查市民有无参与过两市公共文化活动。虽然上海与广州都是中
国开放度非常高的大城市，国际性、国家级和各类公共文化活动非常多，
但是参与度都不甚理想。进一步分析可以发现，广州市民明显比上海市民
更热爱参与公共文化活动，我们认为此中与岭南文化的各类民俗活动一直
拥有强大的民间基础有密切关系，相比较而言，上海的传统习俗已经淡化
很多，大家更崇尚过洋节。

10. 文化消费支出变化

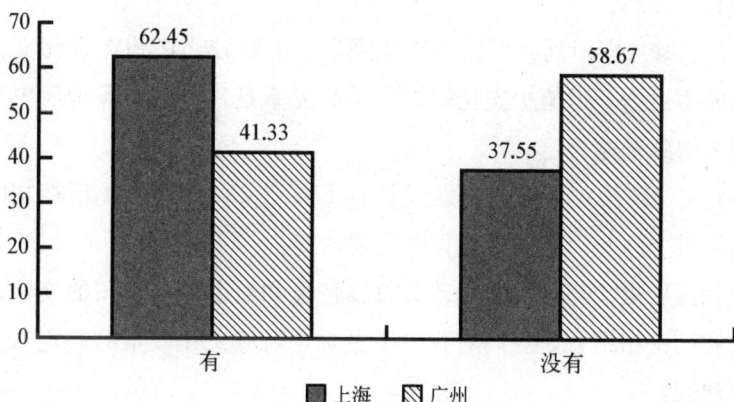

图 7 - 12　文化消费支出变化

　　此题考察上海/广州市民家庭每月在文化消费上的开支是否增加。"生产直接是消费，消费直接是生产。……没有生产，就没有消费；但是，没有消费，也就没有生产，因为如果没有消费，生产就没有目的……因为消费创造出新的需要，也就是创造出生产的观念上的内在动机，后者是生产的前提。消费创造出生产的动力；它也创造出在生产中作为决定目的的东西而发生作用的对象。如果说，生产在外部提供消费的对象是显而易见的，那么，同样显而易见的是，消费在观念上提出生产的对象，作为内心的图像、作为需要、作为动力和目的提出来。消费创造还是主观形式的生产对象。没有需要，就没有生产。而消费则把需要再生产出来。"① 对文化消费水平的考察也能从一个侧面来考量该地区的文化生产力水平。随着两市 GDP 的增加，文化消费水平必然也会相应增加。但是调查的结果是，仍有 41.33% 的上海受访者与 58.67% 的广州受访者表示未增加家庭文化消费开支。这说明城市经济的发展并不代表市民文化消费水平的提高，文化消费习惯的养成也不是仅仅依靠政策宣传可以实现的，其中还有什么因素在起作用，值得后续研究。

　　综上，我们得出以下结论：

　　(1) 上海与广州的文化政策宣传力度都较弱，对历史文化名城的文化

① 马克思恩格斯选集（第 2 卷）[M]，北京：人民出版社，1995.

品牌利用率低，文化产业支持政策的知晓率不高，文化政策对文化产业的推动力有待提高。

（2）上海与广州具有不同的文化强项，上海较之广州在现代文化发展方面的能力更强，但历史文化保护传承尚显不足，尤其在保护历史文化遗产方面未得到普遍肯定。

（3）文化政策对促进文化发展具有重要意义，加强市民精神文明建设应成为推进上海与广州文化建设的重要内容。

将我国历史文化名城文化政策总体特征和对上海与广州的文化政策的个案研究结论相结合，我们对我国历史文化名城文化政策的制定与宣传提出以下建议：

第一，建立我国文化政策体系，以国家、区域、城市为三级目录，详细指出各级文化政策应包含的内容，并将文化政策的出台程序化、法制化。

第二，摒弃原有以经济建设为首要目标的文化发展方式，加强文化品牌与市民文化修养的建设，通过多种渠道扩大文化政策的宣传力度。

第三，加强文化政策绩效评估工作，及时更新、修正相关政策，提高政策制定与落实的时效性。

# 本 章 小 结

本章以上海与广州两座城市的文化政策为文本做比较研究，对上海与广州各自的文化政策发展演变过程进行研究，指出两者之间的区别在于：广州的城市文化政策更强调文化遗产保护、促进发展旅游业及规范监管文化产业；而上海的城市文化政策更强调对文化市场的监管，强调公共文化设施建设，金融对创意产业的支持。这样的差别，导致了上海的文化创业环境比起广州来说，更有政策机制的保障性，而广州的传统文化保护效果比上海更有成效。通过随机调查问卷的方式，对城市文化政策对两座城市的城市文化建设、经济发展的直观感受与社会文明和谐的贡献度等进行抽样调查，得出结论：上海与广州的文化政策宣传力度都较弱，对历史文名城的文化品牌利用率低，文化产业支持政策的知晓率不高，文化政策对文化产业的推动力有待提高；上海与广州具有不同的文化强项，上海较之广州在现代文化发展方面的能力更强，但历史文化保护传承尚显不足，尤其在保护历史文化遗产方面未得到普遍肯定；文化政策对促进文化发展具有重要意义，加强市民精神文明建设应成为推进上海与广州文化建设的重要内容；等等。继而对我国历史文化名城文化政策的制定与宣传方式提出建议：建立我国文化政策体系，以国家、区域、城市为三级目录，详细指出各级文化政策应包含的内容，并将文化政策的出台程序化、法制化；摒弃原有以经济建设为首要目标的文化发展方式，加强文化品牌与市民文化修养的建设，通过多种渠道扩大文化政策的宣传力度；加强文化政策绩效评估工作，及时更新、修正相关政策，提高政策制定与落实的时效性。

# 结　语

## 不断演进中的区域与
## 城市文化改革

第八章

# 关于区域与城市文化
# 改革研究的思考

## 第一节 主要结论

区域与城市发展规划中的文化政策内容是各区域首位城市及各城市的下级行政单位制定文化发展规划的指导文件，直接关系到各城市在文化建设事业上的成败。"在当代中国，文化已超越了传统的作为政治附属物的观念，而被普遍认同为培育核心竞争力、竞争优势和提升软实力的核心价值要素之一。"① 特别是"十二五"规划出台以后，各地都提出建设"文化大省""文化强省"等宏伟目标，并坚信经济上的差距可以用文化弥补，实现弯道超车，缩短与发达城市的差距，但是"文化政策"作为政府指导和推进文化发展的长远谋划，不仅反映着城市的经济社会发展的水平和需要，同时也反映着公共管理主体对城市文化的深刻认识。"城市文化的衰落、城市形象的扭曲、城市生活方式的不和谐与精神生态的严重污染，是人们对城市产生怀疑、不满、厌恶甚至怨恨的内在根源。"② 合理、完善的区域与城市文化政策既是推动复兴城市文化的首要条件，也是结束各种"文化搭台，经济唱戏"局面的有效装备。

---

① 李宁．国内区域文化发展战略比较［J］．学海，2009（6）．
② 刘士林．中国城市发展的深层问题与文化自觉［N］．文汇报，2011-8-08.

　　本书在梳理了近30年的区域与城市文化政策之后，对我国现有的区域与城市文化政策有了一个比较全面的描述与系统的分析，总结了现存的区域与城市文化政策存在的主要问题：文化政策缺乏体系、政策内容及定位雷同、政策制定主观性太强，多催生型少原发型定位、重硬轻软，公共文化服务水平不均，多宏观与长期规划，跟不上现实变化、缺乏刚性指标，政策效果不明等弊端，并提出改进措施。在逻辑分析基础上构建了首个以区域与城市文化为主体内容的政策体系模型，该模型由文化政策的制定者、执行者、相关者，各种文化政策及文化政策的作用对象组成。其中，区域与城市文化政策内容体系中又包括涵盖结合区域与城市文化基本特点的文化发展战略、文化保护政策与文化发展政策、文化政策评估机制及文化政策实施保障措施等要素。

　　通过对长三角城市群与中原区域及上海与广州城市文化政策的比较研究与实证研究，从文化政策制定出台、效果评价及宣传方式等角度开展论证。将文化政策与城市发展相联系，探讨了区域与城市文化政策与城市发展之间的密切关系，指出：学术理论研究在政策制定过程中可以对政策偏好与宣传方式产生一定影响；对于历史文化资源特别丰富的地区，在文化开发过程中，应尽量避免物质文化资源开发急功近利、社会文化资源开发唯利是图、审美文化资源开发庸俗雷同等问题，应从精神层面与操作层面加以开发利用。而在政策的宣传方面，应建立我国文化政策体系，以国家、区域、城市为三级目录，详细指出各级文化政策应包含的内容，并将文化政策的出台程序化、法制化；摒弃原有以经济建设为首要目标的文化发展方式，加强文化品牌与市民文化修养的建设，通过多种渠道扩大文化政策的宣传力度；加强文化政策绩效评估工作，及时更新、修正相关政策，提高政策制定与落实的时效性。

## 第二节　研究展望

　　文化政策的得失与否，并不像其他政策有着直观的数据显示或切身感受。由于文化发展的潜移默化性以及强烈的意识形态性，其社会效益与经济效益并不能从非常具象的数字中得出结论，这也是文化政策研究往往陷入理论缠绕的一个因素。对此，笔者认为，既然作为区域与城市规划中的一个重要组成部分，区域与城市的文化政策就不应该是孤立的，其政策效果应该与区域与城市的整体发展水平结合起来。因此，在下一步的研究计划中，我们将致力于研制针对区域与城市文化政策实施效果的指标体系建设，并计划以个案研究的方式对城市文化政策的实施效果展开追踪研究。

# 附　录

## 附录 1　上海市文化政策现状调查问卷

亲爱的朋友：

您好！

　　我们是上海交通大学的研究小组，目前正在进行一项有关上海市文化政策的调查研究，重点研究文化政策对城市文化、经济和社会和谐度的贡献。

　　我们衷心希望您能给予协助，回答问卷内的问题。对于您的回答，我们将根据《中华人民共和国统计法》之有关规定予以保密，仅用于科学研究的统计分析。

　　谢谢您的支持与合作！

上海交通大学城市文化政策研究课题组

2012 年 11 月

### 一、个人信息

1. 您的性别_____

A. 男　　　　　　　　　　　　B. 女

2. 您的年龄_____

A. 22 周岁以下　　　　　　　　B. 23—29 岁

C. 30—39 岁　　　　　　　　　D. 40—49 岁

E. 50 岁及以上

3. 您的文化程度

A. 高中及以下　　　　　　　　B. 大学（专科及本科）

C. 研究生（硕士及博士）

4. 您所在的行业（专业）类别_____

A. 第一产业：农、林、牧、渔业。

B. 第二产业：采矿业，制造业，电力、燃气及水的生产和供应业，建筑业。

C. 第三产业：① 交通运输、仓储和邮政业，② 信息传输、计算机服务和软件业，③ 批发和零售业，④ 住宿和餐饮业，⑤ 金融业，⑥ 房地产业，⑦ 租赁和商务服务业，⑧ 科学研究、技术服务和地质勘查业，⑨ 水利、环境和公共设施管理业，⑩ 居民服务和其他服务业，⑪ 教育，⑫ 卫生、社会保障和社会福利业，⑬ 文化、体育和娱乐业，⑭ 公共管理和社会组织，⑮ 国际组织。（请注明具体小项，例 C9）

D. 其他（请注明_____）


## 二、问卷内容

1. 您知道上海是国家级历史文化名城吗？_____

A. 知道　　　　　　　　　　　B. 不知道

2. 您如何评价上海当前的文化发展？_____

A. 非常好　　　B. 好　　　　　C. 一般　　　　　D. 不好

E. 非常不好

3. 您认为促进上海市文化发展的最有效途径是什么？（单选题）_____

A. 政策与配套资金支持　　　　B. 放松管制

C. 增加 GDP　　　　　　　　　D. 提高民众素质

E. 其他（请补充_____）

4. 您觉得目前上海市政府在以下哪些方面做得比较好？（多选

题）_____

A. 文物保护      B. 非物质文化遗产保护

C. 文化设施建设      D. 文化体制改革

E. 对外文化交流      F. 推进文化事业

G. 扶持文化产业      H. 市民精神文明建设

I. 其他（请补充_____）

5. 上海市政府出台了多项关于支持文化产业发展的政策，如扶持实体书店、扶持动漫游戏产业、扶持文化创意产业等，请问您或您认识的人中有没有得到过这方面的资助？_____

A. 有      B. 没有

6. 请问，您居住的附近有没有公共图书馆、社区文化活动中心、东方社区信息苑、农村数字电影放映点或农家书屋等文化服务设施？_____

A. 有      B. 没有

7. 您认为上海的文化古迹或有特色的传统建筑的保护力度如何？_____

A. 保护较好      B. 一般

C. 不太好      D. 不知道

8. 在提倡保护上海市历史文化风貌的相关政策指导下，上海市诸多地标建筑得到了有效保护，您认为这一行为对促进上海旅游业的作用如何？_____

A. 作用很大      B. 有一定作用

C. 不起作用      D. 不知道

9. 近年来，上海市政府出台多项政策全面实施素质教育、广泛开展普法教育，推动上海市和谐社会建设，请问，您或您的朋友家人有没有参与过这类活动？_____

A. 有      B. 没有

10. 近几年，您的家庭每月在文化消费上的开支是否有增加？

_____

A. 有      B. 没有

感谢您耐心填写这份调查问卷，谢谢您的配合！

## 附录 2　广州市文化政策现状调查问卷

亲爱的朋友:

您好!

　　我们是上海交通大学媒体与设计学院的研究组,目前正在进行一项有关广州市文化政策的调查研究,重点研究文化政策对城市文化、经济和社会和谐度的贡献。

　　我们衷心希望您能给予协助,回答问卷内的问题。对于您的回答,我们将根据《中华人民共和国统计法》第三章第四款之规定予以保密,仅用于科学研究的统计分析。

　　谢谢您的支持与合作!

上海交通大学城市文化政策研究课题组

2012 年 11 月

### 一、个人信息

1. 您的性别_____

A. 男　　　　　　　　　　　B. 女

2. 您的年龄_____

A. 22 周岁以下　　　　　　　B. 23—29 岁

C. 30—39 岁　　　　　　　　D. 40—49 岁

E. 50 岁及以上

3. 您的文化程度_____

A. 高中及以下　　　　　　　B. 大学(专科及本科)

C. 研究生(硕士及博士)

4. 您目前或曾经从事的行业类别:_____

A. 第一产业:农、林、牧、渔业。

B. 第二产业:采矿业,制造业,电力、燃气及水的生产和供应业,建筑业。

C. 第三产业：① 交通运输、仓储和邮政业，② 信息传输、计算机服务和软件业，③ 批发和零售业，④ 住宿和餐饮业，⑤ 金融业，⑥ 房地产业，⑦ 租赁和商务服务业，⑧ 科学研究、技术服务和地质勘查业，⑨ 水利、环境和公共设施管理业，⑩ 居民服务和其他服务业，⑪ 教育，⑫ 卫生、社会保障和社会福利业，⑬ 文化、体育和娱乐业，⑭ 公共管理和社会组织，⑮ 国际组织。（请注明具体小项，例C9）

D. 学生

## 二、问卷内容

1. 您知道广州是国家级历史文化名城吗？＿＿＿＿＿

A. 完全不知道　　　　　　　　　B. 知道但不了解

C. 知道并了解一点　　　　　　　D. 知道并非常了解

2. 您如何评价广州当前的文化发展？＿＿＿＿＿

A. 非常好　　　　B. 好　　　　C. 一般　　　　D. 不好

E. 非常不好

3. 您认为促进广州市文化发展的最有效措施是什么？＿＿＿＿＿

A. 政策支持　　　　　　　　　　B. 财政投入

C. 放松管制　　　　　　　　　　D. 提高民众素质

E. 其他（请补充＿＿＿＿＿）

4. 您了解到的广州已有的文化政策主要关注了哪些内容？（多选题）＿＿＿＿＿

A. 文物保护　　　　　　　　　　B. 非物质文化遗产保护

C. 公共文化设施建设　　　　　　D. 文化体制改革

E. 对外文化交流　　　　　　　　F. 推进文化事业

G. ．扶持文化产业　　　　　　　H. 精神文明建设

I. 其他（请补充＿＿＿＿＿）

5. "十一五"期间，广州图书馆、文化馆、文化站、文化室建设率达到100%，文化信息资源共享工程覆盖率达到100%。基本实现城乡公共文化基础设施全覆盖，建成城市"10分钟文化圈"、农村"十里文化圈"，以

及覆盖城乡的公共文化服务体系。您附近有没有这样的场所?＿＿＿＿

　　A. 有　　　　　　　　　B. 没有

　　6. 您或您的朋友有否参加过"广州论坛""羊城学堂""书香羊城"
"送戏下乡""公益文化春风行"等群众工艺文化活动?＿＿＿＿

　　A. 有　　　　　　　　　B. 没有

　　7. 近几年,您的家庭每月在文化消费上的开支是否有增加?＿＿＿＿

　　A. 有　　　　　　　　　B. 没有

　　8. 在提倡保护广州市历史文化风貌的相关政策指导下,广州市诸多地
标建筑得到了有效保护,您认为这一行为对促进广州旅游业的作用如
何?＿＿＿＿

　　A. 作用很大　　B. 有一定作用　　C. 不起作用　　D. 不知道

　　9.《广州市文化局人才资源开发规划(2003—2008)》,目标把广州打
造成全国的"文化艺术人才高地",对高层次文化人才的吸收引进采取了
特殊优惠政策,您或者认识的人中有无享受过类似政策的人?＿＿＿＿

　　A. 有　　　　　　　　　B. 没有

　　10. 您认为广州的文化古迹或有特色的传统建筑的保护力度如
何?＿＿＿＿

　　A. 保护较好　　B. 一般　　　C. 不太好　　　D. 不知道

　　感谢您耐心填写这份调查问卷,谢谢您的配合!

# 参 考 文 献
## References

**著作**

[ 1 ] 马克思恩格斯选集（第 2 卷）[M]. 北京：人民出版社，1995.

[ 2 ]［德］马克斯·韦伯. 经济与社会 [M]. 上海：上海三联书店，2010.

[ 3 ]［美］克利福德·格尔茨. 文化的解释 [M]. 南京：译林出版社，1999.

[ 4 ]［美］塞缪尔·亨廷顿，劳伦斯·哈里森. 文化的重要作用：价值观如何影响人类进步 [M]. 北京：新华出版社，2002.

[ 5 ]［澳］托比·米勒，［美］乔治·尤迪思. 文化政策 [M]. 台湾：巨流图书有限公司，2006.

[ 6 ]［英］吉姆·麦圭根. 重新思考文化政策 [M]. 北京：中国人民大学出版社，2010.

[ 7 ] 江泽民. 全面建设小康社会，开创中国特色社会主义事业新局面 [M]. 北京：人民出版社，2002.

[ 8 ] 纪晓岚. 论城市本质 [M]. 北京：中国社会科学出版社，2002.

[ 9 ] 李德华. 城市规划原理 [M]. 北京：中国建筑工业出版社，2001.

[10] 陈振明. 政策科学——公共政策分析导论 [M]. 北京：中国人民大学出版社，2003.

[11] 朱志宏. 公共政策 [M]. 台湾：三民书局，1991.

[12] 单霁翔. 文化遗产保护与城市文化建设 [M]. 北京：中国建筑工业出版社，2009.

[13] 中共中央宣传室，中共中央文献研究室. 论文化建设——重要论述摘编 [M]. 北京：学习出版社、中央文献出版社，2012.

[14] 冯锋，李庆均. 公共政策分析理论与方法 [M]. 合肥：中国科学技术大学出版社，2008.

[15] 姜卫红. 世界第六大城市群——长江三角洲城市群崛起之路 [M]. 上海：上海社会科学院出版社，2010.

[16] 刘士林. 2007 中国都市化进程报告 [M]. 上海：上海人民出版社，2008.

[17] 胡惠林. 文化政策学 [M]. 上海：上海文艺出版社，2003.

[18] 吴良镛. 总结历史，力解困境，再创辉煌 [M]. 北京：北京图书馆出版社，2005.

［19］厉无畏. 创意产业导论［M］. 上海：学林出版社，2006.

［20］张鸿雁. 城市文化资本论［M］. 南京：东南大学出版社，2010.

［21］祁述裕，王列生. 中国文化政策研究报告［M］. 北京：社会科学文献出版社，2011.

## 期刊报纸

［1］汤一介. "文明的冲突"与"文明的共存"［J］. 北京大学学报（哲学社会科学版），2004（6）.

［2］陈瑞莲，谢宝剑. 回顾与前瞻：改革开放 30 年中国主要区域政策［J］. 政治学研究，2009（1）.

［3］王亚南. 基于民生需求的文化发展评价体系——"九五"以来文化消费民生效应景气指数排行榜［J］. 江苏社会科学，2010（4）.

［4］李道中，杨吉华. 建国六十年来我党文化理论的演变与创新［J］. 科学社会主义，2009（5）.

［5］张琳悦. 论文化产业政策的显性与隐性［D］. 上海交通大学硕士论文，2013.

［6］李锦宏，陈越. 区域经济发展中区域文化的影响机制分析——兼论区域文化与区域竞争力的逻辑关系［J］. 新西部，2008（4）.

［7］娄孝钦. 十六大以来我国文化产业政策研究现状与缺失［J］. 学术论坛，2010（5）.

［8］周斌. 文化产业政策法规研究［D］. 南京师范大学博士论文，2005.

［9］刘新静. 文化城市研究的现状及深化路径［J］. 上海师范大学学报（哲学社会科学版），2012（6）.

［10］夏洁秋. 文化政策与公共文化服务建构——以博物馆为例［J］. 同济大学学报，2013（1）.

［11］蔡尚伟，刘锐. 中国文化及传媒产业政策的演变［J］. 今传媒，2010（1）.

［12］李松. 中国文化政策的重要组成部分［N］. 中国文物报，2002-11-1.

［13］王娟. 中国城市群演进研究［D］. 西南财经大学博士论文，2012.

［14］张蒲香. 区域文化对区域经济发展的影响［D］. 湘潭大学硕士论文，2010.

［15］刘士林. 芒福德的城市功能理论及其当代启示［J］. 河北学刊，2008（2）.

［16］王雪梅. 城市规划中的文化发展策略研究［D］. 中央美术学院博士论文，2012.

［17］胡洪斌，杨传张. 文化产业与现代科技融合的政策体系构建［J］. 学术探索，2013（12）.

［18］周江评，孙明洁. 城市规划和发展决策中的公众参与——西方有关文献及启示［J］. 国外城市规划，2005（4）.

［19］张国超. 公众参与遗产保护初探：从意大利的启示谈起［N］. 中国文物报，2013-5-3.

［20］孙施文，王富海. 城市公共政策与城市规划政策概论——城市总体规划实施政策研究［J］. 城市规划汇刊，2000（6）.

［21］邓显超. 中国文化发展战略研究［D］. 中共中央党校博士论文，2007.

［22］崔志胜. 中国先进文化发展经验及发展思路研究［D］. 中共陕西省委党校硕士论文，2006.

[23] 屠启宇，林兰. 文化规划　城市规划思维的新辨识 [J]. 社会科学，2012 (11).

[24] 黄瓴，肖洪未. 文化转向：城市规划体系中文化规划的引入 [C]. 转型与重构——2011 中国城市规划年会论文集. 南京：东南大学出版社，2011.

[25] 吴家浩，高少慧，许维栋. 我国城市规模政策研究 [J]. 中国集体经济，2011 (9).

[26] 孙永怡. 我国公民参与公共政策过程的十大困境 [J]. 中国行政管理，2006 (1).

[27] 王洛忠. 我国转型期公共政策过程中的公民参与研究——一种利益分析的视角 [J]. 中国行政管理，2005 (8).

[28] 吴建峰，周伟林. 新时期我国城市化动力机制及政策选择 [J]. 城市发展研究，2011 (5).

[29] 朴贞子. 政策制定与公民参与 [J]. 中国行政管理，2005 (2).

[30] 叶梓. 中国城市化需要鼓励公众参与 [N]. 消费日报，2013 - 5 - 16.

[31] [德] 安德烈亚斯·切萨纳，金寿铁译. 哲学思维的跨文化转变——卡尔·雅斯贝尔斯与跨文化哲学的挑战 [J]. 求是学刊，2011 (3).

[32] 单霁翔. 城市文化建设与文化遗产保护 [J]. 中国人大，2012 (9).

[33] 赵四东. 中国文化规划研究：内容、层系、方法、案例 [D]. 兰州大学硕士论文，2012.

[34] 宋启林. 中国文化与城市的综合研究 [J]. 重庆建筑大学学报（社科版），2001 (1).

[35] 高书生. "十二五" 文化规划的五大亮点 [J]. 光明日报，2012 - 3 - 1.

[36] 成良斌. 文化对我国技术创新及其政策的影响研究 [D]. 华中科技大学博士论文，2007.

[37] 王富德. 中国国家历史文化名城与旅游业发展 [J]. 北京第二外国语学院学报，2003 (4).

[38] 王明田. 城市行政等级序列与城乡规划体系 [C]. 城市时代　协同规划——2013 中国城市规划年会论文集. 天津：天津科学技术出版社，2013.

[39] 李仙德，宁越敏. 城市群研究述评与展望 [J]. 地理科学，2012 (3).

[40] 刘士林. 从大都市到城市群：中国城市化的困惑与选择 [J]. 江海学刊，2012 (5).

[41] 方创琳. 中国城市群形成发育的政策影响过程与实施效果评价 [J]. 地理科学，2012 (3).

[42] 刘士林. 文化城市与中国城市发展方式转型及创新 [J]. 上海交通大学学报（哲学社会科学版），2010 (3).

[43] 肖金明. 文化法的定位、原则与体系 [J]. 法学论坛，2012 (1).

[44] 陈传康. 区域概念及其研究途径 [J]. 中原地理研究，1986 (1).

[45] 郝风林. 全面建设小康社会过程中的城市文化建设 [D]. 中共中央党校博士论文，2005.

[46] 王相华. 文化政策建设与我国舞台艺术发展研究——基于迈克尔·波特钻石模型 [J]. 文化艺术研究，2012 (2).

[47] 娄云鹤. 文化政策视野下的 "民族元素再创造" 及其相关性研究 [D]. 中国艺术研究院博士论文，2011.

[48] 臧华，陈香. 文化政策主导下的创意城市建设 [J]. 城市问题，2007 (12).

参 考 文 献　165

[49] 金炳镐，陈丽明. 新中国民族文化政策 60 年——纪念新中国成立 60 周年民族政策系列研究之六 [J]. 黑龙江民族丛刊，2009（6）.

[50] 张培奇. 十年来我国文化产业政策变迁研究（1997—2007）[D]. 上海交通大学硕士论文，2009.

[51] 孙轶宇. 中小城市开发区形象推广中的媒体传播 [D]. 四川大学硕士论文，2007.

[52] 周庆华. 作为公共政策的城市规划——兼论基于城市规划的空间政策 [C]. 规划 50 年——2006 中国城市规划年会论文集（中册）. 天津：天津科学技术出版社，2006.

[53] 西明·达武迪著，罗震东，倪天璐，申明锐译. 城市——区域概念的批判性综述 [J]. 国际城市规划，2010（6）.

[54] 赵勇，白永秀. 城市群国内研究文献综述 [J]. 城市问题，2007（7）.

[55] 吴良镛. 从城市概念到区域概念　城市科学与区域科学 [J]. 城市，1992（3）.

[56] 胡序威. 对城市化研究中某些城市与区域概念的探讨 [J]. 城市规划，2003（4）.

[57] 牛慧恩. 国土规划、区域规划、城市规划——论三者关系及其协调发展 [C]. 2004 城市规划年会论文集（上）. 天津：天津科学技术出版社，2004.

[58] 孙燕. 中国社会文化传统与现代社会制度框架 [J]. 社会科学辑刊，2000（6）.

[59] 谢惠芳，向俊波. 面向公共政策制定的区域规划——国外区域规划的编制对我们的启示 [J]. 经济地理，2005（5）.

[60] 方中权，陈烈. 区域规划理论的演进 [J]. 地理科学，2007（4）.

[61] 屠启宇，林兰. 文化规划：城市规划思维的新辨识 [J]. 社会科学，2012（11）.

[62] 李伟伟，杨永春. 文化规划引入我国城市规划的机制及其层系构建 [J]. 规划师，2013（2）.

[63] 李广斌，王喜，王勇. 我国区域规划存在问题及其调整思考 [J]. 地域研究与开发，2006（5）.

[64] 胡序威. 中国区域规划的演变与展望 [J]. 地理学报，2006（6）.

[65] 谢静. 公共政策导向的文化生活质量评价指标构建与测试研究 [D]. 山东大学硕士论文，2012.

[66] 李志，李建玲，金莹. 国外文化强国评估指标的研究现状及启示 [J]. 重庆大学学报（社会科学版），2011（4）.

[67] 李锦宏，陈越. 区域经济发展中区域文化的影响机制分析——兼论区域文化与区域竞争力的逻辑关系 [J]. 新西部（下半月），2008（2）.

[68] 渠爱雪，孟召宜. 区域文化递进创新与区域经济持续发展 [J]. 经济地理，2004（2）.

[69] 吴丽媛. 文化产业财政补贴政策评价研究 [D]. 南京航空航天大学硕士论文，2012.

[70] 俞来雷. 国家历史文化名城地区空间变迁：土地利用研究 [J]. 经济地理，2010（1）.

[71] 林淑莹. 区域文化对国际贸易的促进作用——以长三角为例 [J]. 现代营销（学苑版），2009（10）.

[72] 方菲，吴昊明，吕成果，沈杰. 上海文化创意产业发展的阶段及其政策特征 [J].

中州大学学报，2010（6）.

[73] 陈尧明，苏迅. 长三角文化的累积与裂变：吴文化——江南文化——海派文化［J］.
江南论坛，2006（5）.

[74] 丁宏. 长三角一体化中的文化协调发展研究［J］. 南京社会科学，2007（9）.

[75] 陈茸. 剖析上海开埠前历史与成为国际都市的根基［J］. 建筑学报，2010（S2）.

[76] 上海市文化广播影视管理局. 上海文化建设十大成就及启示［N］. 中国文化
报，2012-11-2.

[77] 冯贤亮. 明清江南的富民阶层及其社会影响［J］. 中国社会经济史研究，2003（1）.

[78] 熊月之. 上海的开埠地文化及其民俗流变——仲富兰教授在华东师范大学的讲演
［N］. 文汇报，2009-7-25.

[79] 葛壮. 上海地区宗教文化历史钩沉［J］. 上海社会科学院学术季刊，1997（2）.

[80] 陈怡群. 上海文化市场管理面临的形势、问题和对策研究［D］. 上海交通大学硕士
论文，2008.

[81] 陈剑峰. 上海与长三角区域经济关系发展的历史考察——以上海与浙北区域经济关
系发展为例［J］. 长江论坛，2005（4）.

[82] 刘士林. 现代上海都市文化的早期经验与深层结构［J］. 上海师范大学学报（哲学
社会科学版），2011（2）.

[83] 李培栋. 中国和上海地区的传统文化散论［J］. 社会科学，1986（9）.

[84] 刘士林. 轴心期智慧与上海文化的历史进程［J］. 上海师范大学学报（哲学社会科
学版），2012（6）.

[85] 上海市人大财政经济委员会课题组. "长三角"区域经济互动中的政策法制环境研
究［J］. 上海人大月刊，2004（4）.

[86] 发挥整体优势　加快开发开放——有关省市领导谈长江三角洲及沿江地区经济规
划问题［J］. 中国计划管理，1992（8）.

[87] 深圳市文化体制改革调研组. 上海、浙江、江苏文化体制改革调研报告［J］. 特区
理论与实践，2002（10）.

[88] 薛美根. 上海城市交通政策的演变与展望［J］. 交通与运输，2013（1）.

[89] 上海经济区发展战略课题组. 上海经济区发展战略纲要［J］. 浙江经济，
1985（Z2）.

[90] 徐依依. 上海市残疾人康复服务政策体系框架研究［D］. 复旦大学硕士论
文，2009.

[91] 鲁怡君. 长江三角洲地区地方艺术节现象及政策研究——以沪、宁、杭三地为例
［D］. 中国音乐学院硕士论文，2012.

[92] 杨耀武，张仁开. 长三角区域科技创新政策评估及路线图研究［J］. 科研管
理，2010（增刊）.

[93] 李阳. 长三角区域文化产业协调发展对策研究——基于欧盟文化产业一体化发展的
经验考察［J］. 经济论坛，2010（4）.

[94] 吕方. 长三角区域文化与区域经济发展方式的转变［J］. 文化艺术研究，2008（2）.

[95] 徐争辉. 长三角区域一体化发展的政策实践经验及其对长株潭一体化的启示［C］.
湖南省经济学会暨科学发展观与湖南经济协调发展研讨会论文集. 长沙：湖南大学

出版社，2008.

[96] 付磊. 中原城市群发展研究 [D]. 郑州大学硕士论文，2004.

[97] 安春华，乔旭宁，赵永江，陈盼盼，冯德显，王海江. 中原经济区范围界定研究 [J]. 地域研究与开发，2010 (6).

[98] 刘士林. 文化城市群与中原经济区的跨越式发展 [J]. 河南社会科学，2013 (12).

[99] 高霞. 中原城市群发展的科技政策体系分析 [J]. 科学管理研究，2012 (14).

[100] 曲少杰. 广州"三旧"改造中历史文化保护与利用研究 [J]. 城市观察，2011 (2).

[101] 张莹莹. 广州加快文化创意产业发展的政策支持体系研究 [D]. 广州大学硕士论文，2009.

[102] 周翠玲. 广州文化结构问题分析 [J]. 探求，2002 (1).

[103] 王晓红. 国际化城市文化发展战略的比较研究 [J]. 首都经济贸易大学学报，2006 (3).

[104] 文彦子. 科学地评估广州文化发展的历史和现状——广州文化发展战略第一次研讨会综述 [J]. 广州研究，1986 (5).

[105] 叶小芬. 推进广州文化产业发展的政府政策分析 [D]. 吉林大学硕士论文，2010.

[106] 田旭明. 马克思主义文化结构论视域下当代中华民族凝聚力研究 [D]. 湖南大学博士论文，2012.

[107] 景小勇. "文化政策"与"文化法律"概念的比较分析——兼论党和政府对文化宏观管理主要手段的异同 [J]. 艺术评论，2012 (4).

[108] 郭俊华，黄思嘉，吕守军. 知识产权政策评估指标体系的构建及其应用研究 [J]. 中国软科学，2009 (7).

[109] 王雪莲，张明新. 不同传播渠道中城市形象认知及影响因素 [J]. 新闻前哨，2011 (4).

[110] 程相占. 城市的文化功能与城市文化研究 [J]. 人文杂志，2006 (2).

[111] 宋盈. 城市化进程中历史街区保护与利用方法研究——以历史文化名城长沙为例 [D]. 湖南大学硕士论文，2003.

[112] 王延信. 城市精神、城市政策与城市文化软实力 [J]. 艺术百家，2008 (4).

[113] 曾亚强，张义，宋日辉. 城市文化体系及经营设计方略 [J]. 商业时代，2006 (35).

[114] 单霁翔. 城市文化遗产保护与文化城市建设 [J]. 城市规划，2007 (5).

[115] 单霁翔. 从"功能城市"走向"文化城市" [N]. 中国文物报，2007 - 06 - 13.

[116] 沈静. 从十一届三中全会以来党的文献资料看我国文化政策的变迁 [D]. 上海交通大学硕士论文，2005.

[117] 樊人龙，郑涵. 当代上海文化资助问题研究 [J]. 上海艺术家，1994 (4).

[118] 凤媛. 上海城市文化传统中的"江南"质素初探——以30年代新感觉派作家创作为例 [C]. 2008年度上海市社会科学界第六届学术年会文集（青年学者文集）. 上海：上海人民出版社，2008.

[119] 庄俊芳. 上海沦陷后上海文化人的文化活动 [C]. 上海纪念抗日战争胜利60周年研讨会论文集. 上海：上海人民出版社，2005.

[120] 戴翊. 试论改革开放与上海文化事业的发展 [J]. 上海党史研究，1998 (S1).

[121] 刘凤梅. 开封市文化旅游资源开发研究 [D]. 河南大学硕士论文，2011.

[122] 何建华. 马克思的公平正义观与社会主义实践 [J]. 浙江社会科学，2007 (6).

[123] 熊月之. 上海城市文化的多元传统 [N]. 解放日报，2013 - 3 - 8.

[124] 刘学华. 上海文化创意产业投融资模式与政策研究 [J]. 科学发展，2013 (2).

[125] 麻国庆. 社会结合和文化传统——费孝通社会人类学思想述评 [J]. 广西民族学院学报（哲学社会科学版），2005 (3).

[126] 韩顺法. 文化创意产业对国民经济发展的影响及实证研究 [D]. 南京航空航天大学博士论文，2010.

[127] 李伟伟，杨永春. 文化规划引入我国城市规划的机制及其层系构建 [J]. 规划师，2013 (2).

[128] 郭桂花. 新乡历史文化资源的开发现状及对策 [J]. 河南科技学院学报，2012 (7).

[129] 赵霞. 新乡市文化资源转化为旅游经济的对策研究 [J]. 河南机电高等专科学校学报，2008 (5).

[130] 陆建松. 中国大遗址保护的现状、问题及政策思考 [J]. 复旦学报（社会科学版），2005 (6).

[131] 孙燕. 中国社会文化传统与现代社会制度框架 [J]. 社会科学辑刊，2000 (6).

[132] 陈梦筱. 中原城市群城市竞争力实证研究 [J]. 经济问题探索，2007 (2).

[133] 顾肖荣. 促进上海文化发展的法制保障研究 [J]. 政府法制研究，2005 (9).

[134] 胡惠林. 当代中国文化政策的转型与重构——20 年文化政策变迁与理论发展概论 [J]. 上海交通大学学报（社会科学版），1999 (1).

[135] 刘彦武. 当前我国文化政策设计中的不足与完善 [J]. 中华文化论坛，2009 (4):.

[136] 沈涛，刘锦钢. 当前政策传播存在的问题与对策 [J]. 东南传播，2010 (6).

[137] 胡序威. 对城市化研究中某些城市与区域概念的探讨 [J]. 城市规划，2003 (4).

[138] 王金花. 对城市文化规划及其创新初探 [J]. 江苏城市规划，2006 (5).

[139] 高兴武. 公共政策评估：体系与过程 [J]. 中国行政管理，2008 (2).

[140] 傅广宛. 公共政策制定中的公民参与：量度、绩效与进路——基于中国地方政府政策制定的实证分析 [D]. 华中师范大学博士论文，2008.

[141] 田晓余. 专家呼吁重视保护上海古镇古镇开发　不能建假古董 [N]. 解放日报，2003 - 5 - 18.

[142] 李佳. 关于地方文化产业政策与国家宏观政策相结合的思考 [J]. 商业时代，2011 (28).

[143] 高乔子. 关于中国城市化进程中文化遗产保护的政策制定 [J]. 学理论，2010 (24).

[144] 张沛，程芳欣，田涛. 国际化大都市背景下西安城市文化体系研究初探 [J]. 城市建筑，2011 (3).

[145] 董濮. 和谐社会构建中城市文化建设研究 [D]. 东北林业大学博士论文，2010.

[146] 刘恩培，张江. 加强文化政策建设，推动文化事业发展 [J]. 辽宁师范大学学

报（社会科学版），1987（3）.

[147] 郭立伟，饶宝红. 建构杭州市特色低碳消费方式的政策研究［J］. 经济论坛，2011（9）.

[148] 王景慧. 历史文化名城的概念辨析［J］. 城市规划，2011（12）.

[149] 阮仪三. 历史文化名城的特点、类型及其风貌的保护［J］. 同济大学学报（社会科学版），1990（1）.

[150] 胡惠林. 论文化政策的内涵及价值取向［J］. 上海交通大学学报（社会科学版），1997（2）.

[151] 阮仪三，丁枫. 上海历史文化名城保护的战略思考［J］. 上海城市规划，2006（2）.

[152] 花建，吴文娟. 九十年代上海都市文化建设［J］. 社会科学，1995（3）.

[153] 葛红兵，谢尚发，高翔，高尔雅. 大都市文化消费与文化产业发展——以2012上海文化消费为考察对象［J］. 科学发展，2013（4）.

[154] 董晓东. 上海市公共文化服务现状、问题及对策研究［D］. 华东师范大学硕士论文，2010.

[155] 田冬迪，芮建勋，陈能. 上海市公共文化设施数量特征与空间格局研究［J］. 规划师，2011（11）.

[156] 黄鹤，唐燕. 文化产业政策对北京城市发展的影响分析［J］. 国际城市规划，2012（3）.

[157] 马桂兰. 中原经济区政策支撑体系研究［J］. 区域经济评论，2013（5）.

[158] 谭成文，杨开忠，彭朝晖. 论古文化旅游产品的开发——以洛阳市为例［J］. 人文地理，2001（2）.

# 索 引
## Index

# 后 记
Postscript

　　本书系本人于 2014 年的博士论文的基础上进行修订和增补而成，其中部分内容已在研究期间发表。具体说明如下：

　　第二章"区域与城市文化政策研究"的部分内容以《国家区域发展规划中的文化政策问题研究》为题发表于《上海师范大学学报（哲学社会科学版）》2013 年第 6 期，并得到《高等学校文科学术文摘》2014 年第 1 期全文转载和《新华文摘》2014 年第 5 期"论点摘编"收录。

　　第五章"长三角区域文化政策进程研究"的第一节"长三角区域政策演进史"，主要内容以《长三角区域政策发展进程研究》为题发表于《艺术百家》2011 年第 6 期。

　　第六章"中原地区区域文化政策实施效果评价"的部分内容以《中原城市群文化资源保护与开发研究》为题发表于《河南社会科学》2013 年第 12 期，并得到《文化研究》（人大复印资料）2014 年第 4 期全文转载。

　　在本书的写作过程中，得到了刘士林教授提纲挈领的指导，得到了诸多师友的帮助，在此表示感谢。